张国臣 著

嵩山韵词一百首

文怀沙

河南大学出版社

图书在版编目(CIP)数据

嵩山诗词一百首/张国臣著.—郑州:河南大学出版社,2011.7(2014.8 重印)

ISBN 978-7-5649-0483-8

Ⅰ.①嵩… Ⅱ.①张… Ⅲ.①古诗体-诗集-中国-当代 Ⅳ.①I227

中国版本图书馆 CIP 数据核字(2011)第 148844 号

英文翻译　张小羽
责任编辑　王四朋　胡长瑞
责任校对　胡长瑞
封面设计　王四朋

出版发行　河南大学出版社有限责任公司
　　　　　地址:郑州市郑东新区商务外环中华大厦 2401 号
　　　　　邮编:450046
　　　　　电话:0371-86059712(高等教育出版分社)
　　　　　　　　0371-86059715(营销部)
　　　　　网址 www.hupress.com
销　　售　新华书店
排　　版　郑州市今日文教印制有限公司
印　　刷　河南省诚和印制有限公司
版　　次　2011 年 7 月第 1 版
印　　次　2014 年 8 月第 3 次印刷
开　　本　889 mm×1194 mm　1/32
印　　张　7
字　　数　87 千字
定　　价　20.00 元

(本书如有印装质量问题,请与河南大学出版社营销部联系调换)

张国臣，1956年生于嵩山南麓，1981年毕业于河南大学中文系，获文学学士学位，1999年获河南大学经济学硕士学位，2004年获华中科技大学管理学博士学位。教授、硕士生导师，中国作家协会会员，河南省人大代表，河南省检察官文学艺术联合会主席。长期从事嵩山文化研究，创立了少林文化学。已出版《神奥嵩山》、《嵩山的流泉》等专著30余部，其中《中国少林文化学》获首届中国山花奖学术著作优秀奖。

目 录

| 序一 | 诗词嵩山小天下 | 二月河 | 1 |
| 序二 | 嵩岳万木竞葱茏 | 杨匡汉 | 10 |

第一编　嵩山颂

沁园春·嵩山	2
中岳嵩山	3
祝贺登封"天地之中"历史建筑群申遗成功	4
嵩山迎春	5
春归嵩山·步李白韵	8
嵩山早春	9
忆秦娥·嵩山春	10
春雨嵩山	12
清明	13
过嵩山赏牡丹	14
嵩洛牡丹	15
归嵩山作·步王维韵	18
忆秦娥·夏日嵩山	19
秋日嵩山	20
贺《嵩山》央视播出	22
雨中嵩山	23
雾里嵩山	26
登嵩山	28
嵩山红叶	29
嵩山云	31
嵩山霞	33
嵩山风	34
中秋敬复马鹤凌先生	35
秋登嵩山	37
嵩山秋	38
月满嵩山	39
卜算子·嵩梅迎春	42

1

嵩山梅	44
登嵩有感	45
除夕	46
冬日嵩山	47
嵩山雪	50
梦游嵩山吟留别	52
清平乐·嵩泉	56
王登昆	57
任长霞	58
送妻赴美看女	59
入中国作家协会有感	60
嵩山的流泉·步王文金教授韵	61
龙门秋月	64
二室道	65
新郑黄帝故里	66
谒杜甫故里	67
留余	68

第二编　太室咏

夜登太室山	70
启母阙	71
启母石感怀	73
太室春雪	73
登三祖庵	76
老母洞	77
嵩山金字塔	78
嵩门待月	79
大法王寺	80
望峻极峰圣诞节赠诸友	82
登峻极峰	84
再登峻极峰	86

游八龙潭	88
九龙潭	90
玉女峰	91
太室坐佛	92
狮子峰	93
卧象岭	94
鳄鱼峰	95
中岳庙	98
登太室中峰·步欧阳修韵	99
黄盖峰	101
谒太室阙	102
卢崖瀑布	104
上善若水	106
厚德载物	107
元代观星台	110
周公测景台	112
浪淘沙·嵩岳寺	114
嵩阳书院	118
嵩阳书院放歌·步白居易韵	122
嵩阳将军柏	123
会善寺	126
嵩山一行僧	128
石淙河感怀	130
永泰寺	132
炎黄巨塑落成大典	136

第三编　少室吟

少室山赋	138
少室山	139
观音诞生日有感	142
少室春雪	143

3

嵩岳宛玉	144
少室秋思	146
少室卧佛	150
少室站佛	151
虎头峰	152
石僧迎宾	153
莲花寺	154
少林寺	155
谒少林	158
少室阙	159
达摩影石	160
谒达摩洞	161
初祖庵	164
临江仙·初祖庵	168
塔林	169
少林邵元碑	172
少林竹	174
二祖庵	176
少林别山禅画	177
普京访少林	180
登封首届世界传统武术节迎宾式	181
少林武术杂咏	182
练功	186
念奴娇·少林怀古	187
主编《少林诗词选》感怀	188
答众师	189

后记 报恩思人杰 奋进莫闭关　　　191

序 一

诗词嵩山小天下

  中岳嵩山是诗，是诗的嵩山。诗圣杜甫出生于嵩山北麓，李白、白居易、欧阳修等伟大诗人都流连嵩山，写出不朽诗篇。
  张国臣同志生于嵩山，是喝嵩山的泉水长大的。嵩山赋予了他博大的胸怀，嵩泉给了他深邃的智慧。
  志同者道亦同。我与国臣同志是多年好友，我们经常发短信息进行交流，这主要源于对文化研究的共同志趣和爱好。在我看来，国臣同志是一个学者型公务员，作为河南省检察官文学艺术联合会主席、管理学博士，在繁忙的工作之余，他潜心研究嵩山文化并有很深的造诣，提高了知识修养，推动了工作又好又快发展。他创立了少林文化学，又连续多年被评为优秀公务员。2008年，他的《嵩山的流泉》九卷文化丛书出版，洋洋洒洒四百余万言，整合了嵩山独有的区域文化，弘扬了我国的民族文化，为登封"天地之中"历史建筑群成功申报世界文化遗产在理论宣传上作出了突出贡献。2009年，我参加在河南大学举办的"张国臣《嵩山的流泉》捐赠仪式暨文化丛书学术研讨会"，对国臣同志有了更深的了解，感受到了《嵩山的流泉》流淌的是一个奋进者的勤奋之水、思想之水、创新之水。
  诗言志，歌咏言。国臣同志同时也是一位诗人，是河南省诗歌学会顾问，深厚的嵩山文化底蕴赋予了他灵动的思维，在他的《嵩山的流泉》九卷文化丛书中，就有诗词卷，收录了他三十多年来写的几百首诗词，其中，就有许多是与嵩山有关的、品位极高的诗词。嵩山吐翠，翰墨流香。读了他的诗词，我对伟大神奥的嵩山更充满了神往与敬仰。前些天，国臣同志给我寄来了他的

《嵩山诗词一百首》书稿，请我作序。读过之后，我就欣然应允了。

国臣同志真是嵩山赤子。读国臣同志这部诗集，恍若跟随一位仙人，神游于少室、太室之中，感受着中岳的雄奇与神奥；又仿佛跟随一位诗友，悠游于山林与清泉之间，体验着这片土地的古老与神秘。我不由从心里说：这真是一次美好的享受啊，是诗人面对好诗的那种享受！读后，诸多感受可以归纳为以下几点：

一是豪放。豪放是中国诗歌传统的重要特色之一，以至于成为一个重要的诗歌流派。从李白到苏东坡等，他们的诗词都是那样的吞吐八荒、思接千古，真正是大气磅礴、气吞山河。豪放派诗歌的挥洒、奔放和豪迈，充分显示了中国诗人的博大胸襟，让人胸胆开张，何其欢畅！国臣同志的《沁园春·嵩山》、《嵩阳将军柏》、《少室山赋》等诗词，就让我感受到了一种大奔放、大欢畅。究其原因，我想大概与他生活的这片热土有关，与他所写的嵩山有关。中原文化是华夏文明的一个重要源头，而嵩山文化是其精髓。嵩山博大神奥，是"天地之中"，是儒、释、道三教交融汇合之地。这里的山川，大气、豪放；这里的人民，奔放、豪迈。正因为嵩山是大的、雄的、奇的、豪的，故而国臣写嵩山的诗词也是大的、雄的、奇的、豪的；又因为嵩山是中原的核心，嵩山文化是中原文化的重要组成部分，故而国臣写嵩山的诗词表现出的自然也是中原的大、中原的雄、中原的奇、中原的豪。这是中原文化赋予的根性与诗性！

二是史诗。现实主义创作是传统诗词的重要一脉。从《诗经》的创作者们到嵩山北麓的杜甫、伊洛河畔的白居易，浩浩荡荡直到当今，中国的诗歌天空中，灿若星斗的优秀诗人，总是秉承伟大的现实主义传统，坚守"诗言志"和"文以载道"的文学信念，肩负着崇高而伟大的社会责任，并不断扩展现实主义的创作方法，用史诗般的诗歌记录时代、反映民生，激励一代又一代中华儿女沿着正确的人生道路奋勇向前。国臣同志这部诗集中的《嵩阳书院》、《普京访少林》、《念奴娇·少林怀古》等诗词作品，就显示出突出的史诗特点。这些诗词，不仅描绘了嵩山雄险神秀的自然风光，还诗意般地演绎了嵩山所承载的中国五千年来的思想和文化，就像是一部中国思想史、文化史。进入他的诗词，仿佛走进了一个开放的地质、宗教、武术、科技、建筑艺术的博物院。同时，国臣同志的这些诗词，向我们展示的，还是一个不断变化、发展之嵩山，是一部诗歌体的嵩山发展史。特别是诗人对嵩山地区改革开放以来所产生的巨变，结合诗人自己的成长历史，对时代的发展和人生的进步、境界的升华，都有很好的记录和展示。这是历史与现实交相辉映的产物，堪称新史诗！

三是创新。创新是民族之魂，更是文学艺术的制胜之道。国臣同志自幼深爱唐诗宋词，曾手抄《唐诗三百首》，并勤于吟诵，具有深厚的古典诗歌功底。人到中年，随着人生阅历的丰富和对诗歌艺术研究的深入，他更加自觉地运用古体诗词的形式，并在此基础上进行突破和创新。读他的《梦游嵩山吟留别》、《留余》、《少林竹》、《清平乐·嵩泉》等嵩山诗词，无论是在意境的营造上，还是在语言的运用上，处处可以看到诗人的匠心独运。譬如，他化用古意，步前人韵，写的却是当下生活，不受古意所限，切近时代，切近民生，十分灵动。再如，他在遵守格律平仄的基础上，又敢于突破传统的束缚，许多词章如天马行空，挥洒自如，洒脱不羁；有的时候，他甚至借用当代口语入诗，吟诵起来，启人心智，催人奋进，让人融入诗境，忘记了形式，何其快哉！

"不来峻极游，何能小天下？"范仲淹的诗句和张国臣的诗词，是世界文化遗产"天地之中"嵩山呈现给中国也是呈现给世界的最好名片！

诗词嵩山小天下！是为序。

二月河

2011年7月23日于南阳

（作者为中国著名作家）

Preface I

Knowing the Poetry of Songshan, Aerial View of the World

Songshan Mountain is poetry. It's the Songshan of poetry. Du Fu, the master of poetry was born on the northern side of Songshan Mountain. And in addition, great poets such as Li Bai, Bai Juyi, Ouyang Xiu all lingered in Songshan with adoration thereby created countless poems of the time.

Mr. Zhang Guochen was bron in Songshan, and grew up drinking the spring of Songshan. It is Songshan Mountain that gives him broad mind, and it is Songshan spring that empowered him with deep wisdom.

Those who possess the same ambition take the same path in life. I have been good friends with Mr. Zhang Guochen for many years and we often communicate through text messages. This communication was prompted mainly by the fact that we share the same interest and hobby of cultural researching and study. To me, Mr. Zhang is a scholar type of government official. As the chairman of the Literature and Art Society of Henan Provincial Procuratorate, and a Ph.D in Management, he has devoted himself to the study of Songshan culture and has gained great achievements, which in turn improved his knowledge and expertise, and motivated the development of his work in an effective and rapid way. He created the Shaolin Culture Study Subject, and has been awarded

"Excellency Government Official" in numerous consecutive years as well. In the year of 2008, he published the 9-volum series of books "The Flowing Spring of Songshan". With more than 4 million beautifully written words, the books integrate the unique regional culture of Songshan, develop and expand our special national culture, and make an outstanding contribution to the successful application of the World Cultural Heritage of Dengfeng's historical architecture complex for "The Center of the Heaven and the Earth" in theoretical promotion regards. In 2009, I attended "The Donating Ceremony and Academic Seminar of the Cultural Series of Books 'The Flowing Spring of Songshan' written by Mr. Zhang Guochen", and gained a better understanding of Mr. Zhang. I could feel that the "The Flowing Spring of Songshan" over flown with the spirit of diligence, intelligence and creativity.

Poetry expresses his wills, and the verses deliver his ideas. Guochen is a poet. He is the consultant of Henan Provincial Poetry Society. It is his deep accumulation of Songshan culture that gives him his active thoughts. His 9-volume cultural series "The Flowing Spring of Songshan" contains a poetry volume, which collects his hundreds of poems composed during more than thirty years. Many of them are related to Songshan, and are of very high value and with excellent taste. Just like Songshan which leaves us with green, the ink of poems is full of fragrance. Reading his poetry, I have even more respect and yearning for the great and mysterious Songshan. Several days ago, Guochen mailed me his script of "100 Poems of Songshan", and asked me to write a prescript for it. After reading it, I agreed happily.

Guochen is the son of Songshan. Reading this poem collection, I feel like I was following a goddess travelling inside Shaoshi Mountain and Taishi Mountain, experiencing the greatness and miracles of this great Mountain; I also feel like I am following a poet friend, wandering in the forest and enjoying the spring, and experiencing this ancient and magical land. I have to say, whole-heartedly, this is really a wonderful trip, and it is really a great joy! It's the kind of joy that a poet had when he is reading a wonderful poetry! After reading, I have so many thoughts and reflections, which can be categorized as the following:

First of all, I feel bold and unconstrained. Boldness and unconstrainedness is one of the important traditional characters of Chinese poetry. It is so important to the extent that Boldness itself forms an important school of poetry. From Li Bai to Su Dongpo, their poems all have the sense of affection that they can cover thousands of miles of land and field, and their thoughts can reach thousands of years of ancients'. They possess the guts and feeling that they can even swallow all the hills and rivers. The sense of vigorousness, and uncontrollableness of the Boldness school of poetry clearly demonstrates the broad and profound hearts of Chinese poets, and makes us feel incredibly free and open! How joyful! The poems such as "Qin Yuan Chun - Songshan", "The General Cypress of Songyang", "For Shaoshi Mountian", etc., give me exactly such open and bold feeling, and great joy as well. If we dig the reason for this, I guess it mainly contributes to this land that Guochen lives on, and to the Songshan Mountain that he writes about. The culture of China's central plain is one of the important origins of China civilization, and the culture of Songshan is the essence of the culture of central plain. Songshan is so broad and mysterious. It is the "center of the heaven and the earth", and it is the place where Confucianism, Buddhism, and Taoism converge together. The mountains and the valleys here are bold and tolerant, and the people here are open and ebullience. And it is just because the Songshan mountain is so great, unique, and spectacular, the poems that Guochen wrote are so great, unique, bold and spectacular as well. It is also due to the fact that Songshan is the center of China's central plain, and Songshan culture is the important component of the culture of central plain, Guochen's poem naturally expresses this greatness, boldness, the spectacularity and the mysteriousness of the Central Plain. It is the central plain that supplies the root and the poetic character to his composition!

Secondly, this is an epic. Realism is another important school of traditional poetry. From the composers of "The Book of Songs" ("Shijing") to Du Fu, who lives on the northern part of Songshan, to Bai Juyi, who lives on the riverside of Yi River and Luo River, and to all the poets of today, in the poet universe of China, those who shine like bright stars all follow the great realism tradition, stick to the literature ideology of "Poets express ambitions", and "Writing bears morality", and shoulder the lofty and great social responsibility. More importantly, they have kept on expanding the realism composition methodologies, and through the epic-like poems, they recorded history, reflected the people's livelihood, and encouraged generations of Chinese people to proceed and live bravely on the right path. Poems like "The Songyang Academy of Classical Learning", "For Mr. Putin's Visit to Shaolin Temple", "Nian Nu Jiao – Meditate on the Past" etc. in this collection all demonstrate outstanding epic characters. These poems, not only describe the fantastic and delicate natural sightseeing of Songshan, but also poetically interpret Chinese philosophy, over 5000 years of which is bore by Songshan. These poems are just like the record of Chinese intellectual history and cultural history. Entering his poems, it seems that I am entering an open museum with all the cherishable geological, religion, martial arts, technology, and architectural collections. In the mean time, these poems also demonstrate to us a continuously changing and developing Songshan Mountain, which indeed is Songshan's development history written in poetic style. Particularly, depicting the huge changes taken place in Songshan area since China's adopting the Opening-up Policy, and combined with the poet's own growing experiences, these poems extraordinarily record and display the poet's understanding on society, on life, and on the subliming status of spirit and morality. This is a writing interweaved by history and reality, and we should definitely call it new epic!

Thirdly, the creativity and innovation is worthy of praise. The spirit of creation and innovation is the soul of our nation, and is also the key to successful literature and art. Guochen loves the ancient poetry of Tang and Song dynasty ever since he was very young. He used to handwrite the whole collection of "Three Hundred Poems of Tang Dynasty", and can fluently recite all of them. So he has very deep accumulation of classic ancient poetry. When it comes to his middle age, with his richer life experience and his further study on poetry, he was able to take the form and style of ancient classic poetry as the foundation and make further innovation and creation. Take his "Travelling around Songshan in Dream and not Willing to Leave", "Leave Blank for Unfulfillment", "Shanlin Bamboo", "Qingpingle-the Spring of Songshan" as examples, we can see the author's own ingenuity from both the artistic conception and the language application perspectives. For instance, he uses the ancestors' poetic imaginary and follows their rhythm, but writes the current life without being bounded by the restriction of the ancestor's ideology, which makes the poem closer to contemporary society, and closer to the people's livelihood. Another example would be, under the premise of abided by the basis of the rules of rhythm and tunes,

Guochen dares to break the conventional constraints and makes his poem fancy, vigorous, unconstraint, and with so much free spirit. Sometimes, he even borrows the informal spoken language and makes the reader feel so much encouraged and sudden awakening while reading, and leads the reader dip into the poetic mood, and totally leaves formalities behind! How wonderful that is!

"If one haven't been to Songshan Junji Peak, how can one say that he knows the world?" This famous sentence written by the poet master Fan Zhongyan and the poems composed by Mr. Zhang Guochen is the best introduction as a contact card that Songshan, the world cultural legacy "the middle of heaven and the earth", presents to the whole nation, and presents to the whole world!

Knowing the poetry of Songshan, aerial view of the world! So prefaced.

Er Yuehe

July 23, 2011, in Nanyang

(Well known Chinese Novelist)

序 二

嵩岳万木竞葱茏

  亿万年前的造山运动，崛起了伟岳凌空、峻极于天的中岳嵩山，峰峦连卧，松柏苍翠，无可比拟的美妙、丰富、神奇。千百年来的兴废与文变，成就了贤帝的拓殖、初祖的参禅、诗人的鸿篇、雅士的新学，也难怪这里的老百姓对我说："到了河南，到了登封，到了嵩山，只要跺三脚，就能听到历史的回声！"

  如今，我又十分高兴地从张国臣新著《嵩山诗词一百首》中，读到了神奥的嵩山，读出了嵩山儿女的情怀。张国臣生于斯、长于斯，其人其诗，深受嵩山山川之润泽，深得嵩山烟雨之熏陶。他是知名的嵩山文化学者，"少林文化学"为他所首创；他又是与嵩山共呼吸的诗人，引领你感悟中岳的雄奇，体验中原的博大，享受"小天下"的智性的快乐。

  论及当今的中国诗歌，人们往往以新诗为主要着眼点。新诗运动已近百年，其厥绩至伟，在于为新文化进入现代世界提供了精神的与传媒的通畅管道，然而同时也以与传统文化和诗歌典章的脱节为沉重代价。看得出来，张国臣是一位不薄新诗爱旧诗的歌者。他不薄"新"，而是在自己的创作中有新思想的流贯、新生活的注入、新语言的充实；他又爱"旧"，在自己的歌吟中始终恪守诗言志、律和声、以旨趣为神采的理路。今人容易把传统与现代对立起来，或者只是把两者视为历时性的关系。可喜的是，张国臣在诗词中将时间空间化，又将空间时间化了。他的几首步古人韵的诗词，如《春归嵩山·步李白韵》、《归嵩山作·步王维韵》、《嵩阳书院放歌·步白居易韵》等，不啻是古典的回响、时空的穿越。李白送杨山人归嵩山，但见"长留一片月"，可谓嘤鸣雅会；张国臣续话沧桑，把追风岁月漫评量，看到的是"春来化冰雪"，那嵩山之太室山和少室山几经风雨，换了人间，更似长龙腾空。古人向山河取暖，今人向地脉取法，在倾听自然、感应宇宙、体察人生上，古今诗人异曲同工。也因此，我们有理由珍重时推格调而勿忘神韵，也确信古今相望足可磅礴而发高吟。

在"万类霜天竞自由"的文学生态环境里，对于运用旧体诗词写作的诗人来说，创新是应有之义，更是前沿话题。繁星数到三更鼓，布之为旧瓶装新酒。据河南诗歌界朋友介绍，张国臣自幼酷爱唐诗宋词，心腑蕴高旷琴音。人到中年，他更揖接英贤，运用古体诗词的形式，并努力在此基础上进行创辟。他的《卜算子·嵩梅迎春》、《启母石感怀》、《留余》、《元代观星台》、《少林武术杂咏》等诗词，无论是在思想的真纯上，还是在珠玉的吐纳上，均可看到诗人踞案沉思的泼墨。他循环古意，回旋于心，写的是当下生活，丹心滴血如霞；他遵守格律平仄，又敢于突破模形仿势的束缚，移用当代口语入诗，新声独灿，唱叹弥日，启人心智；他探索真理，观察社会，服务人民大众，写的诗既朗朗上口，明白易懂，又深含哲理，启迪人生。如此深探情本，真气盘旋，就不必以形式之新旧而论高下了。

我们期盼着，胸次浩茫者张国臣，能继续假嵩山以为风骨，织天机以为华章，获取走向诗世界的通行证。

人世纷纭，得雄奇者有几？

嵩岳万木竞葱茏，新词妙制绕毫端！

是为序。

杨匡汉

2011年7月24日凌晨于北京

（作者为中国社会科学院文学研究所研究员、博士生导师）

Preface II

Verdant Trees of Songshan Compete to Win

    The orogenic movement hundreds of millions of years ago rised Songshan Mountain , reaching towards the sky, and left usaving with such unparalleled green, mountainous, rich, magic scenery of beauty. Experiencing tThousands of years of rise and fall, and the change of social text established the achievement and colonization of Xian Emperor, Bodhidharma's study of Zen, countless masterpiece of poets, and the new schools of scholars. No wonder the people here said to me, "If you are here in Henan, in Dengfeng, in Songshan, once you stamp tripod, you can hear the echoes of history!"

    Now, I am very much glad that from Mr. Zhang Guochen's new book "100 Poems of Songshan", I read out the mysterious and magical Songshan, and the affections of the children of Songshan. Zhang Guochen was born here, and was raised up here. He himself, and his poems, are all cultivated by the mountains and rivers of Songshan, and are nurtured by the rain and the air of Songshan. He is a well-known Songshan Culture scholar for his creation of the independent academia subject "Shaolin Culture Study"; he is also a poet who breaths with Songshan, and who guides you to learn the greatness and mysteriousness of Songshan, to feel the boldness inside it, and to sense the happiness lies within the wisdom of "aerial view of the world".

Talking about the contemporary Chinese poetry, people tend to focus on so-called "New Poetry". It has been almost a hundred years since the New-Poetry Movement of China. The profound meaning of this movement contributes to the fact that it provided a spiritual and media conduit for New Culture Movement's entrance into the modern world. However, such achievement, at the same time, paid the heavy cost of losing and out of the reach of the traditional culture and poetry written rules and principles. From Zhang Guochen's writing, we can tell that he is actually a poet who loves new poetry, but cherish the "old poetry" as well. He does not abandon "new" poetry, for he injects new thoughts, new life, and new language into his writing; He cherishes the "old" poetry, for he still sticks to the rationale and the approach that "poetry expresses wills; rhythm echoes the phonetic sounds; and the spirit lies in the meaning delivered". People nowadays tend to put tradition and modernity as complete opposition, or just treat the relationship of these two as diachronic. I am just delighted to see Zhang Guochen's way of dealing with this problem and his methods of writing: he spatializes time, and time-lize space in his poems. Examples being several of his poems that follow the rhythm and the tunes of the ancient poets, such as "Back to Songshan in Spring – Follow Libai's Rhythm", "On Coming Back to Songshan – Follow Wang Wei's Rhythm", "Sing in Songyang Academy – Follow Bai Juyi's Rhythm", etc., can be taken as the classical works echoes through time and space. Ancient poet master Li Bai wrote "Left with only the moon long-lasting" when he sent Yang Shanren back to Songshan, which can be called elegant and graceful, whereas Zhang Guochen keeps the vicissitudes continued, and comments times and years in a random mood, and sees "Ice and snow melts when spring comes", and view the Taishi Mountain and Shaoshi Mountain of Songshan experienced countless strikes of storms, and as time passed, they are even more strong and dragon-like. From another perspective, the ancient people get passion and heat from mountains and rivers, whereas the people of the time absorb principles and methods from the vast land. Thus in the regard of hearing the nature, feeling the universe, and interpreting life, the ancient and the modern poets are very much alike. It is just for this cause, we have enough reason to treasure the old rhythm and style while keep the spirit and meaning in mind simultaneously, and to firmly believe that when paying attention to both the ancient and the modern, great works will sparkle and shine.

"All creatures vie for freedom in frosty sky". In such literature ecological environment, to those poets who write in old traditional style, creativity and innovation is the call of time, and the way of doing so is also the cutting-edge topic. "work until can count stars, hearing the time drum beat 3 a.m. in the morning, and I am not just to put new wine into old bottles." Based on the introduction from some friends in Henan poetry society, I got to know that Zhang Guochen loves poetry of Tang and Song dynasty when he was very young, and thus stores deep and hard accumulation of time-honored verses. Comes to his middle age, he can better utilize the invaluable heritage of the great ancients as basis, and are committed to make great innovation while applying the form and style of the ancient traditional poetry. For instance, his poems "Pu Suan Zi – Plum Blossom Calls for Spring", "Thoughts and Memories around Qi Mu Stone", "To Leave Blank for Unfulfilment", "The Astronomical Observation of Yuan Dynasty", and "Random Songs for Shaolin Martial Arts" etc., all well reflect the writer's endeavor on thinking and pondering, and his perseverance on weighing the diction. He keeps the ancient spirit and principles in heart while writing the life of the time. What a hard and painstaking working process! He strictly follows the rhythm and the tunes of the old poetry writing rules, but is also capable of breaking the limitation of only imitating the form; He transplants contemporary oral language into his poems to describe and to sing about both the past and the present, which is greatly fresh and thought-provoking; He explores the truth, observes society, and serves the grass-roots by writing poems that are not only catchy, and easy to understand, but also with deep philosophical meaning that enlightens people's interpretation on lives. With such deep and real affection, and with such sincerity and gratefulness, the poems are surely great, regardless of the form of "New" or "Old".

We really hope, Mr. Zhang Guochen, with his broad mind and his open heart, will continue taking Songshan as the contents, and weaving the secret and philosophy of life into his works, to gain the admission pass of the poetry universe.

Diversified as this world, how many, on earth, can be magnificent?

Verdant trees of Songshan compete to win. Delicately written poems flow up and echo around the pen point of the writer!

So prefaced.

Yang Kuanghan

July 24, 2011, Beijing

(Ph.D Supervisor, Researcher of the Literature Research Institute of China's Academy of Social Sciences)

第一编

嵩山颂

沁园春·嵩山①

（2004年1月22日春节）

　　河洛之南，伟岳凌空，峻极于天。阅世间寒暑，亿年难计；岩层起落，五辈同欢。两室葱茏，周柏繁茂，座座峰峦相倚连。儒佛道，结亲朋代代，千古良缘。

　　青山挥笔如椽。写华夏文明锦绣篇。赞轩辕创业②，夏启筑殿③，周公铸鼎④，初祖参禅⑤，武曌钦封⑥，谦之炼道⑦，司马范程教众贤⑧。歌新曲，更与时俱进，再造河山。

【注释】①嵩山，中国五岳之"中岳"，位于黄河之南，东西横卧，长约六十公里，主要由太室山、少室山组成，势如腾龙，有二十五亿年历史。太古宙、元古宙、古生代、中生代、新生代地层，嵩山都有出露，地质学家称为"五世同堂"，为世界罕见。七十二峰，峰峰有寺。汉武帝赐封的将军柏、禅宗初祖达摩面壁影石等文化遗存，写下辉煌史篇。此词作者填好后，著名作家、书法家周鸿俊教授书之，刊发于《光明日报》2005年1月16日；登封市刻石，现立于太室山南麓登山广场。②轩辕创业：黄帝在嵩山地区拓荒耕地，促进了原始农业的发展。③"夏启"句：夏启在嵩山阳城建都。④"周公"句：周朝初期，周公（姬旦）在营造东都洛阳时，于嵩山求地中，铸鼎建国。⑤"初祖"句：达摩在少林创立中国佛教禅宗。⑥"武曌"句：武则天于万岁登封元年（696年）登嵩山举行封禅大典。⑦"谦之"句：寇谦之在中岳庙创立新天师道。⑧"司马"句：宋代司马光、范仲淹、程颐、程颢在嵩阳书院讲学，创立新儒学。

【林从龙评】用词写嵩山历史，惠及读者。登封市刻石，此词不朽矣。

中岳嵩山

(2000年3月1日)

五世同堂震宇寰,
嵩高飞峙大河南。
炎黄拓荒创巨业,
夏周铸鼎定中原。
阳城观星英杰聚,
少林面壁武禅传。
两室伸臂神州拥,①
巨龙腾飞亿万年。②

【注释】①两室:指嵩山之太室山、少室山。②巨龙:由南望,嵩山似巨龙腾飞。

【林从龙评】总写嵩山,为下列各首分写嵩山景点诗提挈。

祝贺登封"天地之中"历史建筑群申遗成功①

(2010年8月1日)

北魏嵩塔观星景，
汉武石阙记夏功。②
朝日巴西红世界，
天地之中定登封。③

【注释】①嵩山历史建筑群，分布于河南省郑州市登封市区周围，包括太室阙和中岳庙、少室阙、启母阙、嵩岳寺塔、少林寺建筑群（常住院、初祖庵、塔林）、会善寺、嵩阳书院、观星台等8处11项历史建筑。第34届世界遗产大会2010年8月1日宣布，中国河南的登封"天地之中"历史建筑群正式被列为世界文化遗产。②"北魏"二句：北魏时建的嵩山宝塔在观看太空星景，汉武帝时的嵩山石阙记载夏启治国之功。③"朝日"二句：早上7点多巴西首都巴西利亚联合国教科文组织投票传来嵩山申遗成功的消息，朝霞映红整个世界，"天地之中"的称号定在中国登封。

【林从龙评】读此诗须细看注释，在掌握了这些历史知识后，才能理解作者对申遗成功的喜悦心情。

嵩山迎春

（2001年1月1日）

元旦早晨，携爱女张小羽步郑州金水河畔。女让七步作律诗一首，遂即雪景赋成。

金水流春草又青，
雄鹰展翅搏晴空。
苍松覆雪叶添翠，
梅蕊经霜花愈红。
万座高楼迎晓日，
一桥飞架起长虹。
拨开云雾青天见，
峻极嵩山唱大风。

【林从龙评】七步成诗，雪景宛然在目。张小羽在父亲的熏陶之下，他日必然成材。

雲霄條忽橋報新
牲雲霧樹玄人麗
日岩茂嶺唱
大呈

華宴先生雅正之書五花榭

中国书法家协会主席张海书《嵩山迎春》

春归嵩山·步李白韵

（2011年4月25日）

少小读嵩阳，常登玉女峰。
日摹太白句，夜画峻极松。①
春来化冰雪，冬去长花茸。
云如无际海，二室腾长龙。②

【注释】①峻极：指峻极峰，为太室山最高峰，海拔1491.73米。②二室：指太室山和少室山。

【林从龙评】步古人韵，抒当代情，妙！

附：送杨山人归嵩山

唐·李白

我有万古宅，嵩阳玉女峰。
长留一片月，挂在东溪松。
尔去掇仙草，菖蒲花紫茸。
岁晚或相访，青天骑白龙。

嵩山早春①

(2009年4月4日)

忽听窗外鸟声新，
信步寻芳鹊闹春。
桃蕊盛开花烁烁，
清溪长绕浪粼粼。
细茸吐绿舒眉笑，
稚子嬉玩任笑嗔。
谁说早春缺佳句，
嵩山万物且相亲。

【注释】①该诗是作者清明节到嵩山踏青时所作。

【林从龙评】以诗人的眼观物，处处是喜人美景；以诗人的笔抒情，处处是早春佳句。八句诗，紧扣"早春"二字，妙！

忆秦娥·嵩山春

（2007年2月2日）

春来也，东风送暖化残雪。化残雪，桃花满头，嵩山如铁。①

人生难逢好时节，抢抓机遇创伟业。创伟业，唤回青春，②登峰跨越。

【注释】①"嵩山"句：嵩山色如铁而雄浑苍茫！②"唤回"句：珍惜生命一分一秒，不信青春唤不回也！

【林从龙评】从嵩山春暖想到人生创业，可见作者蓬勃向上的情怀。

嵩山春世来风送暖化残雪化残雪梅边酒頭萬心如铁人生難遇好时节捨却躯体遇创佛業頃甲子春崇峰跨越

张河居词
忆秦娥書于嵩山
自彊

日本书法家协会副主席高桥书《忆秦娥·嵩山春》

春 雨 嵩 山

(2007年2月17日除夕)

一冬无雪天积银,
三春有雨地涌金。
嵩岳生机新焕发,
嫦娥落户建少林。①

【注释】①"嵩岳"二句:春雨飘洒,嵩岳大地焕发新的生机,天宫嫦娥羡慕,落户人间建设美好少林。

【林从龙评】从"三春有雨"、"嵩岳生机新焕发",想到"嫦娥落户",既可看出作者对嵩山的热爱,也可看出作者想象力之丰富。

清 明[1]

(2006年4月5日)

松树柏树吐翠针,
黄纸白纸祭至亲。
后人追思化细雨,
先辈恩厚送暖春。

【注释】①此诗是作者于2006年清明节率亲属祭扫爷爷、奶奶,父亲、母亲墓时所写。

【林从龙评】此诗深深地表达了慎终追远之情。

过嵩山赏牡丹①

(2010年4月11日)

三月阳春临洛阳,
帝都引领百花王。
嵩峰朝霞染魏紫,
伊水细浪润姚黄。②
步入花阁吻玉蕊,
身行绿榭画新芳。
雨后更觉牡丹艳,
曲径悠游喜欲狂。

【注释】①此诗乃作者从嵩山到洛阳看牡丹园时所写。②姚黄:与前文"魏紫"皆指嵩洛牡丹之名贵者也。

【林从龙评】看牡丹也离不了"嵩峰朝霞",作者不愧为嵩山知己。

嵩洛牡丹①

(2010年5月15日)

国色绽新芳,
人爱吐奇香。
静心看世界,
自然成华章。②

【注释】①牡丹是重要的观赏植物,每年4月初开花,洛阳牡丹最负盛名,有"甲天下"之美誉。②"静心"二句:宁静致远,只要静心看待世界之事,顺其自然就成为美丽华章。

【林从龙评】牡丹,花之富贵者也。作者却以"静心看世界"一句,写出了看花的新意。

16

王兰珍绘　冯志福题《过嵩山赏牡丹》

归嵩山作·步王维韵[1]

(2011年5月16日)

少小抄唐诗，　发誓笔不闲。
面壁成影石，[2]　滴水汇海还。
树高润颍水，[3]　月圆亮嵩山。
报恩思人杰，　奋进莫闭关。[4]

【注释】①该诗乃作者2011年5月16日向登封市262所中小学捐赠自己所著《嵩山的流泉》等10本专著，"嵩阳高中国臣图书馆"揭牌时所写。②"面壁"句：据说佛教禅宗初祖达摩寓止于嵩山少林寺，曾面壁而坐，终日默然静修九年（也有说十年的），最后连石头上也印出了达摩的影子。③颍水：颍河，发源于嵩山南麓，经河南省周口市、安徽省阜阳市，在正阳关注入淮河，为淮河最大的支流。④闭关：古代不仅指关门的动作，而且含有闭门谢客的意思。本诗指作者表示要常怀报恩之心，以英雄为榜样，努力学习，永远奋勇前进！

【林从龙评】写自己以苦学和奋进，报答国家培养、人民哺育。作者今日的成就可证。

附：归嵩山作

唐·王维

清川带长薄，车马去闲闲。
流水如有意，暮禽相与还。
荒城临古渡，落日满秋山。
迢递嵩高下，归来且闭关。

忆秦娥·夏日嵩山

（2007年8月25日）

南风热，蝉鸣绿厚人欢悦。人欢悦，禹公[①]割麦，武后[②]护叶。

春华秋实夏催接，承前启后歌未歇。歌未歇，流泉润地，金辉盈阙。

【注释】①禹公：大禹在嵩山治水。此处喻人民群众。②武后：武则天在嵩山封禅。

【林从龙评】自然条件与历史条件融为一体，更显出嵩山之奇伟。

秋 日 嵩 山

（2006年9月26日）

暑别矣，谷黄稻香秋风起。秋风起，日暮山遥，风高草低。①

苍松三呼②响峻极，雄鹰九唱展绮翼。展绮翼，天清月明，气爽星稀。③

【注释】①"秋风起"三句：秋日嵩山是奇特美丽的，风起稻香，太阳落山望山遥远，风急，草都低下头了。 ②三呼：汉武帝游嵩时，听风吹松涛之声，对群臣曰："似有山呼万岁之声。"三呼，又称"山呼"。③"展绮翼"三句：雄鹰展翅高飞，可见秋景，天气晴朗，月明星稀。

【林从龙评】写秋日嵩山，句句不离"秋"字。嵩山四季都有魅力。

著名画家王一汀绘秋日嵩山《马蹄沟远望》

贺《嵩山》央视播出

(2004年6月28日)

　　10集文化风光片《嵩山》今晚20:10在中央电视台4套开始连播。4年前写的文学脚本今结硕果。

　　　　岳门升月待四年，
　　　　嵩山上星传九天。①
　　　　夏毕张郑血汗洒，②
　　　　面壁新石立中原。

【注释】①"岳门"二句：2000年，作者受河南省政府李成玉省长之邀，创作10集文化风光片文学脚本《嵩山》，中央电视台摄制，于2004年上星传播九天。　②夏毕张郑：《嵩山》总策划夏宗勇、总制片毕福海、文学脚本张国臣、总编导郑泰森。

【林从龙评】《嵩山》在央视播出，是河南的光荣，是华夏的骄傲。作为文学脚本的创作者，满怀欣慰之情，理所当然。

雨中嵩山

（2004年5月2日）

遥看太室雨濛濛，
静闻泉水响咚咚。
时而风起吹雾去，
峰破云涛露峥嵘。

【林从龙评】"峰破云涛"，写出了嵩山的性格。

雨中嵩山

雾里嵩山

（2004年5月3日）

远看少室雾漫漫，
近接宝寺水涟涟。
山顶日照山下雨，
弹指变幻入仙间。

【林从龙评】嵩山雾幕漫漫，有一种朦胧美。

著名画家王一汀绘雾里嵩山《南山汎雾》

登 嵩 山①

（2001年2月11日）

李杜叩嵩门，
日辉太室林。
石船泊帆影，
砖塔发禅音。
天界连苍翠，
峻峰浮彩云。
能追无尽境，
方为不凡人。

【注释】①唐李白、杜甫等大诗人多次登嵩山，叩开智慧之门，追寻无尽的境界，为后人留下不朽的诗篇，成为"诗仙"、"诗圣"。此诗乃作者和友人登嵩山所吟。

【林从龙评】李杜叩开智慧之门，并为后人留下不朽诗篇。作者告诉我们：后人想做"不凡人"，就应力追"无尽境"。

嵩山红叶[1]

(2002年10月)

葱茏碧树千崖秀,
如火红枫万壑幽。
远眺八方天尽染,
烟霞一色醉清秋。

【注释】[1]嵩山红叶,美景也。此诗乃作者登嵩山观红叶时所吟。

【林从龙评】"霜叶红如二月花。"北京西山红叶,湖南岳麓红叶,中原嵩山红叶,相互映衬,把祖国江山装点得如诗如画,令人心旷神怡。

嵩山秋

嵩 山 云

(2004年5月16日)

太室云起波涛卷,
万马奔腾山腰间。
翻岭穿谷险峰绕,
巧借东风过难关。

【林从龙评】作者对嵩山十分热爱,所以在他笔下嵩山云也如此神奇。

嵩山云

嵩 山 霞

(2004年6月7日)

日落嵩山飞长虹,
雨过少林响清音。
霞光万道穿天宇,
雷电化云先锋军。

【林从龙评】"云销雨霁,彩彻区明。"王勃《滕王阁序》中这两句,可作此诗注脚。

嵩 山 风

(2004年6月9日)

嵩山风动送寒暑,
雄雌催交衍万物。①
天地变幻神莫测,
好坏得失唯自主。②

【注释】①"嵩山"二句:嵩山之风可送走寒天暑日,可催交雄粉雌花繁衍万物。②"天地"二句:天地间的自然变化鬼神莫能测准,是好是坏是得是失只有靠自己掌握其发展规律。

【林从龙评】末二句可视为人生箴言。

中秋敬复马鹤凌先生

(2005年9月11日)

中秋佳节,喜得中国国民党主席马英九父亲马鹤凌先生从台湾寄来的墨宝"嵩山吐翠,翰墨流香",贺拙著《嵩山的流泉》出版,以诗敬复。

嵩山吐翠子晋游,①
翰墨流香绿意稠。
信鸽过海叫圆月,
仙鹤凌云书中秋。

【注释】①子晋:王子乔的字。神话人物,相传为周灵王太子,喜吹笙作凤凰鸣声,为浮丘公引往嵩山修炼,后升仙。

【林从龙评】这不仅是个人之间的文字交流,更是两岸关系的历史记录。

著名篆刻书法家许雄志刻"嵩山吐翠　翰墨流香"

秋 登 嵩 山

(2010年9月17日)

秋月和光不染尘,①
金谷吸水更躬身。②
采得嵩岳精神气,
硕果辉煌映乾坤。

【注释】①和光:柔和的光辉,喻才华内蕴,不露锋芒。②"金谷"句:金灿灿的谷穗垂下了沉甸甸的身躯,形容有真才实学的人更懂得谦虚恭让。

【林从龙评】触景生情,作者随时在阐明处世之道。

嵩 山 秋

(2005年10月1日)

嵩门仰望月初圆,
霜叶流丹兴更添。
雨丝滋润菩提树,①
飞鸽天晴送寿仙。

【注释】①菩提树:相传佛祖释迦牟尼坐此树下,顿悟成佛。

【林从龙评】写秋天,突出菩提树,紧扣题目"嵩山"。作者是嵩山人,这首诗也证实了"人情同于怀土"的道理。

月满嵩山

(2004年10月18日)

中秋风畅翠峰连,
峻极挥毫寄众仙。
日照红枫红似火,
月悬嵩口嵩若蓝。
水唯善下能成海,
山不厌高自极天。
起伏连绵中岳伟,
求阙方得明月圆。①

【注释】①"求阙"句:求得缺憾才能看到明月圆满。阙,通"缺"。作者书斋即因此名。

【林从龙评】第三联是哲理的诗化,可作为座右铭。

月满嵩山

卜算子·嵩梅迎春

(2002年12月)

白雪飞河洛,①红梅绽嵩少。②峻极峰悬千丈冰,奇景迎春到。

寒至百花眠,唯她雪里笑。惜时惜福惜良机,虬枝新更俏!

【注释】①河洛:黄河、洛河。②嵩少:嵩山少林寺一带。

【林从龙评】"嵩梅"不是普通的梅,所以"虬枝新更俏"。作者以"嵩梅"喻人,写出了自己的精神境界。

著名女画家刘凤仙绘 《嵩山梅》

嵩 山 梅

(2005年8月31日)

少室苍茫百草零,①
高崖峭拔万支冰。
冷香扑面情怀畅,
细看虬枝挺雪凌。

【注释】 ①少室：少室山。

【林从龙评】上首写"嵩梅"迎春奇景，这首写"嵩梅"的傲雪精神，可见作者对"嵩梅"寄情之深。

登嵩有感

（2005年7月31日）

如遇不顺气撞头，
赶紧转身找朋俦。
登山踏水仰天笑，
淡然处之看春秋。①

【注释】①淡然处之：以冷淡的态度对待它，不拿它当回事。春秋：此处指中国最早的编年体史书《春秋》。

【林从龙评】"淡然处之"不仅是养生之道，也是构建和谐社会的重要因素。一个人如遇干事不顺之时，当找好友聊聊，使心情开朗。

除 夕

（2008年2月6日）

春读不闻爆竹声，
顿生舍得禅理明。
力抛三分名利去，
赢来一世好心情。

【林从龙评】末二句可视为醒世言。

冬 日 嵩 山

(2007年1月1日)

风急叶飞山露峰,
霜浓梅笑崖挂冰。
寒天自有好景致,
寻品新奇看心境。①

【注释】①"寻品"句:冬天,寻找品评嵩山的新景奇景,要看人之修养境界。

【林从龙评】没有高的修养境界,寻品不出嵩山的新景奇景。修养好,境界高,则嵩山四季有情,处处有诗。

渐宽终不悔
好象致尋
品詩奇着心境
錄陸游聞吟詩
冬日嵩山湖人李鐸

中国书法家协会副主席李铎书《冬日嵩山》

嵩 山 雪

(2004年6月12日)

雪飘太室山染色,
冰封大地苗覆白。
只要万物气象新,
愿化玉体润世界。

【林从龙评】以雪喻人,毫不利己为社会的凛然正气,可敬。

著名画家王一汀绘嵩山雪《嵩山1995年1月15日·阴·小雪》

梦游嵩山吟留别①

(2004年7月4日)

我生嵩颍东,山水伴仙行。
日走二室道,夜登众嵩峰。
悟空前引路,金棒扫棘荆。
月宫见嫦娥,灵芝送手中。
瑶池会玉女,牵手踏彩虹。
太白教赋诗,相伴骑玉龙。
杜甫赠笔架,纸上唱大风。
二程共挥毫,儒学赋新工。
司马续通鉴,研讨嵩阳宫。
达摩踏苇来,少林刻新影。
慧可断臂在,莲开立雪亭。
六祖手植柏,花开五叶红。
子晋中岳庙,骑鹤同吹笙。
谦之托天书,炼丹炉火明。
五岳真形碑,神奥难解同。
山险百草集,怪石生奇松。
嵩门跳玉兔,仙女飞寒宫。
华佗采菖蒲,神术祛百病。

觉远长棍舞，唐王赞武僧。
人鸟兽挥棍，雾云烟动情。
奥运夺金牌，登封小英雄。
汉阙足球在，世界称先锋。
地质博物馆，五世同堂中。
学画吴道子，毗卢禅云腾。
脚跺心意把，元气浑身升。
日摹三百字，刻石颜真卿。
太室逢汉武，周柏元帅封。
不为呼万岁，只图错改正。
颍畔许由笑，禅让不争名。
弃瓢岩洗耳，巢父好心情。
三过家不入，干事数禹公。
启母石再开，巨变天下惊。
四海测天心，守敬观星空。
网络真奇妙，地球小村成。
计算年月日，精勤僧一行。
同坐神舟飞，细数宇宙星。
唯赞科技好，与时俱进功。
武后登峻极，中岳王再封。
奖赏创新者，宴臣会石淙。
金简投太室，登封告成功。

霓裳歌一曲,伴奏乐天翁。
齐夸嵩山美,星稀月更明。
奇事如珠缀,胜境说不清。
欲写难下笔,不来枉此生!

【注释】①该诗把嵩山历史文化典故连为一体,表现了现实主义与浪漫主义创作的统一,被人吟唱不绝。

【林从龙评】确如注释所言,被人吟唱不绝,理所当然。

著名画家毕建勋绘嵩山《慧可立雪》

清平乐·嵩泉

(2006年2月26日)

　　转瞬间，吾已五十岁矣！这是苦中有甜、拼搏奋进的五十年，恰如嵩泉。

　　太室高险，孕育水清涟。一泄飞出八千里，穿峡丁冬花溅。
　　滴水不息石穿，汇成颍河润田。大禹秋数金果，惊呼勤可酬天！

　　【林从龙评】"滴水不息石穿"、"勤可酬天"，这既是对嵩泉的赞誉，也是对人生的激励！

王 登 昆[①]

(2004年1月28日)

少年失怙读书苦,[②]
心向马列六十秋。
投笔从戎学武穆,[③]
舍家保国驱倭仇。
汗流血溅荆江水,[④]
墨染笔耕黄鹤楼。
清廉一生唯谨慎,
嵩岳无言景更幽。

【注释】①王登昆,登封革命先驱,1922年生于太室山南麓登封告成乡,1939年加入中国共产党,曾任登封县第三区抗日政府区长,湖北省监利县委书记,荆州地委秘书长、组织部长、副专员等职,一生忠于革命,乐于助人,刚正清廉,1996年病逝后,葬于嵩山连天公墓。②少年失怙:从小失父。③武穆:爱国名将岳飞。④荆江地:湖北省荆州地区。

【林从龙评】悼念诗既要写对方的成绩,又要写追求,贵在实事求是。本诗就是按这个要求写的。"清廉一生唯谨慎",作者与舅父王登昆真是情同父子。

任 长 霞[①]

(2004年6月11日)

嵩岳碧空映长霞,
神州大地绽风华。
刚强似剑斩百恶,
慈善如春亲众家。
昼巡太室千顷树,
夜护颍河万朵花。
遥忆并肩执法事,
民心矗碑竞品夸。

【注释】①任长霞,1964年2月8日生于河南省睢县,1983年加入公安队伍,2001年调任登封市公安局局长,2004年4月14日不幸因公殉职,被公安部追授为全国公安系统一级英雄模范称号。作者与任长霞为政法战友,交情甚好。此诗发表于《人民日报》2004年7月28日。

【林从龙评】颂善良,树正气,这是诗歌的重要任务。此诗可为英雄墓志。

送妻赴美看女①

(2009年4月6日)

春风度嵩门,
遥念纽约人。
爱女读研苦,
贤妻去拂尘。
寄书泪透纸,
缝衣汗湿襟。
离愁牵两地,
天鉴父母心!②

【注释】①此诗是作者送妻子王素珍赴美国参加女儿张小羽纽约大学法学院硕士毕业典礼时所作。②"离愁"二句:太平洋把离愁之情相牵,苍天可看到父母爱女真心。

【林从龙评】"寸草春晖",做儿女者应深深领会,忠于国家,孝敬父母。

入中国作家协会有感①

(2005年11月7日)

善俭诚信德积成,
立雪面壁石入影。
天道酬勤顿为佛,
嵩山吐翠又一峰。

【注释】①作者自少年时起便读书创作,数十年笔耕不辍,今日喜接中国作家协会通知,成为中国作家协会会员,圆了作家梦,遂作诗记之。

【林从龙评】喜接作协通知,不忘达摩面壁,可见达摩面壁石对作者影响之深。

嵩山的流泉·步王文金教授韵①

（2009年12月3日）

灵感塔高绕紫烟，②
中岳气盛大风旋。
谪仙播雨三十载，
流泉穿石铸华篇。

【注释】①河南省社会科学院、河南省社会科学界联合会和河南大学2009年12月3日在河南大学召开了"张国臣《嵩山的流泉》捐赠仪式暨文化丛书学术研讨会"。此诗是作者为答谢众专家学者和恩师王文金教授而作。王文金，原河南大学校长、教授、博士生导师。②紫烟：山谷中的紫色烟雾。

【林从龙评】发自肺腑之言，说明师恩难忘。

附：为张国臣君《嵩山的流泉》出版而作

王文金

（2009年12月3日）

险峻嵩峰翠似烟，
龙飞瑞气凤高旋。
卅年九卷文星胆，
揭秘名山第一篇。

太室春雪

龙门秋月

(2007年9月22日)

　　金乌①走嵩山,红霞染天。龙门玉兔②升渐圆。吴刚飞来寻嫦娥,桂花酒甜。

　　天宫何等寒,乐在人间。宾阳洞③石刻诗篇。牡丹秋开伊水清,佛笑千年。

　　【注释】①金乌:太阳。　②玉兔:月亮。③宾阳洞:洛阳龙门石窟重要景点。

　　【林从龙评】从嵩山的太阳,想到龙门石窟的月亮,把洛阳龙门石窟这一名胜,与嵩山联系起来,更显嵩山之美。

二 室 道[①]

(2001年3月)

步道恐失景,
回首峰天际。
太室腾龙凤,
少室列剑戟。
林茂古刹幽,
崖险新湖碧。
达摩踏苇来,[②]
谁不赞嵩奇?

【注释】①此诗为作者在太室山、少室山间行走时所吟。②"达摩"句:初祖达摩脚踏芦苇渡江而来。

【林从龙评】在太室、少室两山之间行走,左顾右盼,前瞻后顾,从新的角度写成此诗,二室三景尽收眼底。作者对嵩山之景如此珍惜,可贵!

新郑黄帝故里①

(2007年12月15日)

轩辕铸鼎拓中原,
华夏文明谱史篇。
枣好稻香兴教育,
晴飞虹彩送平安。②

【注释】①黄帝故里在新郑,位于嵩山之南麓,古为有熊氏之国。史载,轩辕黄帝降于轩辕之丘,定都于有熊。黄帝统一天下,奠定中华,肇造文明,惜物爱民,被后人尊为中华人文始祖。②"枣好"二句:黄帝拓荒耕种,创造了农业文明,新郑的枣格外好,稻分外香,教育迅速发展,2006年新郑成为全国百强县之一,引来四海人才汇聚。丙戌年(2006年)黄帝故里拜祖大典时,天空出现彩虹,成为表现人与自然和谐的奇观。

【林从龙评】丙戌年(2006年)黄帝故里拜祖大典出现的奇观,广传中外。作者将这一历史瞬间融入诗中,可以流传后世。

谒杜甫故里[①]

(2006年8月16日)

诗圣生长嵩伊边,
少小读书笔架山。
三吏三别惊风雨,[②]
谁知万里苦行难?

【注释】①杜甫故里位于嵩山和伊水之间,距巩义市区东十公里的站街镇南窑湾村的笔架山下。唐代著名诗人杜甫就出生在笔架山下的窑洞里,从小在此读书。②"三吏"句:乾元二年(759年)春,杜甫回河南探视旧居,归途上亲眼看到人民在官吏的残酷压迫下蒙受的苦难,写出著名的"三吏",即《新安吏》、《潼关吏》、《石壕吏》,"三别",即《新婚别》、《垂老别》、《无家别》组诗,感天动地泣鬼神,人评杜诗为"诗史"、杜甫为"诗圣"。

【林从龙评】"三吏"、"三别"的现实虽已成为历史,杜甫这两组名诗却彪炳史册,让人百读不厌。这是诗的人民性决定的。作者拜谒杜甫故里,表达了崇敬之情。

留 余①

（2006年8月17日）

嵩伊康宅留余铭，
水满必溢道理清。
留得余巧还造化，②
留得余禄还朝廷。③
留得余福还子孙，④
留得余财还百姓。⑤
四方和谐乐吃亏，
失中有得百业兴。

【注释】①《留余》匾在嵩山伊水之间的巩义市康百万庄园，中国名匾之一，是兴盛十三代不衰的康家教育子弟的家训匾。作者考察后顿悟，十分钟留下此诗，广为传诵。②巧：技能。造化：苍天。③禄：官禄。④福：福缘。⑤财：财产。

【林从龙评】《留余》匾和作者考察后顿悟的《留余》诗，当并存不朽。

第二编
太室咏

夜登太室山①

（1999年7月31日）

太室苍茫月东升，
峻极峰挂启明星。
千松吹箫三呼罢，
万壑吐雾九龙腾。②
清凉夜露湿板道，
滚烫汗洒荆棘丛。
半山回看来时路，
登封城里灯火明。

【注释】①太室山位于河南省登封市北，为嵩山之东峰。据传，禹王的第一个妻子涂山氏生启于此，山下建有启母庙，故称之为"太室"。②九龙：太室山有九龙潭，九个潭连起如龙腾。

【林从龙评】王安石在《游褒禅山记》中说："古人之观于天地、山川、草木、虫鱼、鸟兽，往往有得，以其求思之深而无不在也。"作者凭此精神，故能"有得"。

启 母 阙①

(2010年10月23日)

驯鹿逐兔斗虎牛,
开山治水踢足球。②
夏功汉业镌嵩石,
璀璨华章万世留。③

【注释】①启母阙,世界文化遗产登封"天地之中"历史建筑之一,位于登封市西北二公里处嵩山南麓,为启母庙前的神道阙,与太室阙、少室阙并称为"中岳汉三阙"。启母阙北有一处开裂巨石,相传大禹治水三过家门而不入,其妻涂山氏化为巨石,石破北方而生启。②"驯鹿"二句:启母阙身上有驯鹿、狼逐兔、虎牛相斗、大禹化熊、开山治水以及女子踢球的雕刻。③"夏功"二句:汉代的雕刻工艺把大禹治水的丰功伟绩留在了嵩山巨石上,大禹公而忘私、为民造福的奉献精神光耀千秋万代。

【林从龙评】这类诗,应视为了解嵩山、研究嵩山的重要参考读物。

启母阙

启母石感怀①

(2005年9月23日)

一

吃亏乃积福,
贪财必遭诛。②
无欲品自高,
立德看启母。③

二

天宫飞落启母石,
嵩岳建起夏商都。
冰雪刻画千峰耸,
春风吟诗体自舒。

【注释】①启母石位于太室山万岁峰下,高约十米,围长约三十米,巍然雄立,势如大厦。古书《淮南子》记载:"禹治洪水,凿辕辕关,谓与涂山氏曰:'余饷,闻鼓声乃来。'禹跳石,误中鼓,涂山氏往,见禹化为熊,惭而去,至嵩山脚下化为石。方生启。禹曰:'归我子!'石破北方而启生。" ②"吃亏"二句:大禹治水三过家门而不入。吃亏就是积福,贪财必遭诛杀!③"无欲"二句:大禹无贪欲,品德自然高尚。其形象高大,就如嵩山启母石。

【林从龙评】读了诗和注释,不仅增加了历史知识,还可悟出人生哲理。

启母石

太室春雪①

（2003年1月）

百崖玉琢舞白凤，
千峰素裹腾银龙。
春风一夜送来暖，
嵩岳万木竞葱茏！

【注释】 ①该诗为作者登太室山看雪景时所写。

【林从龙评】 嵩岳的雪天，银装素裹。千红万紫安排着，只待春雷第一声。题为"春雪"，东风又绿嵩山树，已是瞬息间的事了。

登 三 祖 庵①

（2006年8月13日）

披荆寻仙汗洒地，
斩棘访圣血染衣。
借问僧灿坐禅处，
村姑笑引摩天梯。

【注释】 ①三祖庵位于太室山南麓，中国禅宗三祖僧灿曾在此讲经说禅。

【林从龙评】探禅访胜，非意志坚决者莫办。

老 母 洞[①]

(2006年6月15日)

太室何生老母洞?
众仙敬仰潘师正。
大事难事担当起,
逆境顺境一笑中。
识喜识悲修涵养,
慎行慎止炼品行。
格悟真理人不老,
苦尽甘来迎春风。[②]

【注释】①老母洞位于太室山南麓金壶峰下,为唐代著名道士潘师正所凿。潘师正隐居嵩山逍遥谷二十余年。上元三年(676年),唐高宗礼嵩岳,对其甚为礼遇,复见,以车舆迎送,又诏于逍遥谷建崇唐观,前后赐诗数十首。潘师正受皇尊宠,仍以山野之人自处,享年98岁,有弟子司马承祯、郭嵩真。②"寻悟"二句:寻找真理踏遍青山人不老,苦尽甘来方能见到美丽的春天。

【林从龙评】专心寻悟真理,便能苦尽甘来。这是老母洞给读者的启示。

嵩山金字塔①

(2006年10月27日)

秋日登太室,
金塔飞眼前。
重峦俯碧水,
翠嶂插长天。
步移成叠影,
风起伫蓝烟。②
大圣摄幻景,
叹按快门难。

【注释】①此诗是作者当选中共河南省委第八届省委委员时登太室山所写。嵩山金字塔位于太室山东麓,秋日可见。②"步移"二句:移动步子观看,山形成叠,形似金字塔,秋风吹拂,天蓝山亦变蓝了。

【林从龙评】移步换形,幻景难摄。

嵩 门 待 月[①]

（1979年8月21日）

天蓝山绿雁南翔，
水秀地黄菊北芳。
求阙东坡得圆月，
婵娟斟酒送安康。

【注释】①嵩山大法王寺东有两座山峰，相峙而立，形状如门，故称"嵩门"。中秋之夜，一轮明月从嵩门升起，把嵩山染蓝，美妙宜人，谓"嵩门待月"，乃登封八大胜景之第一景。

【林从龙评】事不目见，不能臆断。嵩门待月，说明作者对嵩山各景点考察之详。

大法王寺[①]

(2003年9月8日)

山外青山峰上峰,
高低景物不相同。
嵩门月挂风吹雨,[②]
遥见禅拳初祖功。

【注释】①大法王寺位于河南省登封市区北五公里许的太室山麓玉柱峰下,创建于东汉明帝永平十四年(71年),寺院东、西、北三面群山环抱,苍松翠柏,郁郁葱葱。该寺是中国最早的寺院之一。②嵩门月挂:每当中秋佳节,天气晴朗时,皓月从嵩门升起,在法王寺大殿月台上,观赏皓月初生的美景,可以看到皎洁丰满的明月,置于嵩门之中,如银镜镶嵌山峡。

【林从龙评】中秋写少林拳结合嵩山多变之景,贴切!

著名画家王一汀绘嵩山《大法王寺晴雪》

望峻极峰圣诞节赠诸友①

(2003年12月25日)

黄河东泻过齐鲁,②
白雪西来挂夏都。③
嵩岳欢欣君健旺,
情如河海寄鱼书。④

【注释】①此诗是作者在圣诞之夜向朋友们以手机短信形式发的贺诗。②"黄河"句:滔滔黄河向东奔去已过了山东齐鲁大地。③夏都:嵩山古阳城为夏朝首都。④鱼书:又称鱼雁,喻书信。古有借鱼腹和雁足传信之说。

【林从龙评】情如河海,切地切人。

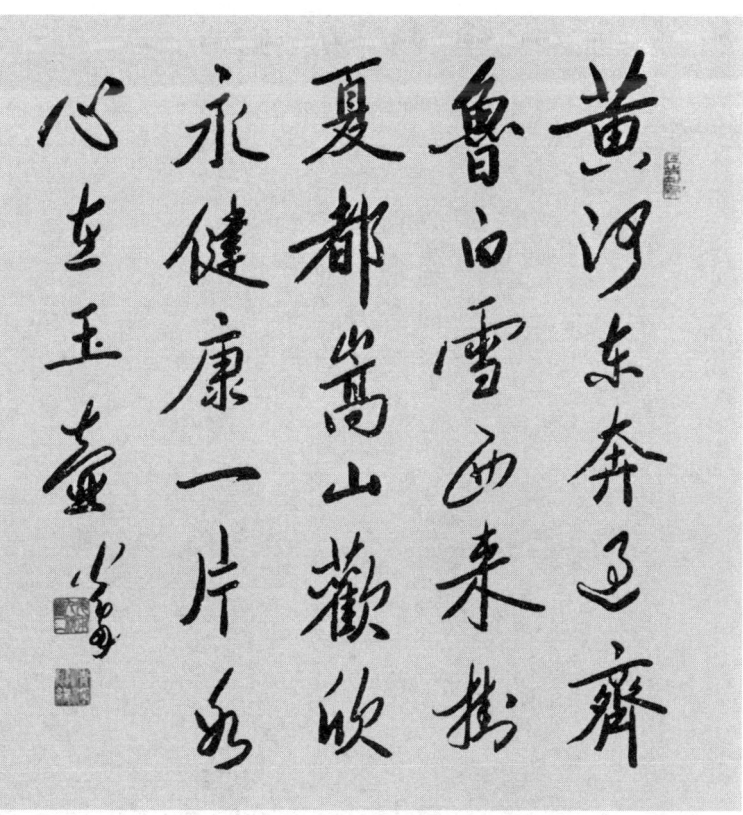

著名书法家牛光甫书《望峻极峰圣诞节赠诸友》

登峻极峰

(2001年2月26日)

古险奇奥不见形,①
万壑千崖露峥嵘。
不知嵩高松柏翠,②
请登峻极看天红。

【注释】①古险奇奥:嵩山之古,称祖诸山。二十五亿年前,当世界还在沧海横流时,嵩山就横空出世。其险峰如刀削,其奇如神工,其奥秘难释解也。②嵩高:嵩山,古又称崇山。

【林从龙评】峻极峰既如此古险奇奥,去嵩山者怎能不一登为快!

峻极峰

再登峻极峰

(2004年1月27日)

春节假日研究嵩山文化,偕家人朋友20余人再次登上峻极峰,看山河巨变,风景如画,气象万千。

天蛙啸天天尤蓝,①
仙峰聚仙仙更欢。
汗洒云梯凌峻极,②
虹飞嵩腰映万山。

【注释】①天蛙啸天:一峰像天蛙一样朝天呼叫。②云梯:登峰途中有十八隁云梯,极险。

【林从龙评】不读此诗,可能过峻极峰而不登,惜哉!

峻极两世界

游八龙潭①

(1999年8月1日)

八龙竞舞太室山,
路险峰奇潭声喧。
飞瀑缀玉崖上挂,
碧水浮墨石中悬。
几疑银河天际来,
又见鹰翔松柏间。
问讯大禹沧桑事,②
泉奔东海永思前。

【注释】①太室山有八龙潭,瀑布相连,甚为美丽壮观。②大禹:大禹在嵩山治水患,老百姓爱戴之。

【林从龙评】前三联写景,尾联用大禹治水典作结,笔力千钧,引起读者无限遐想。

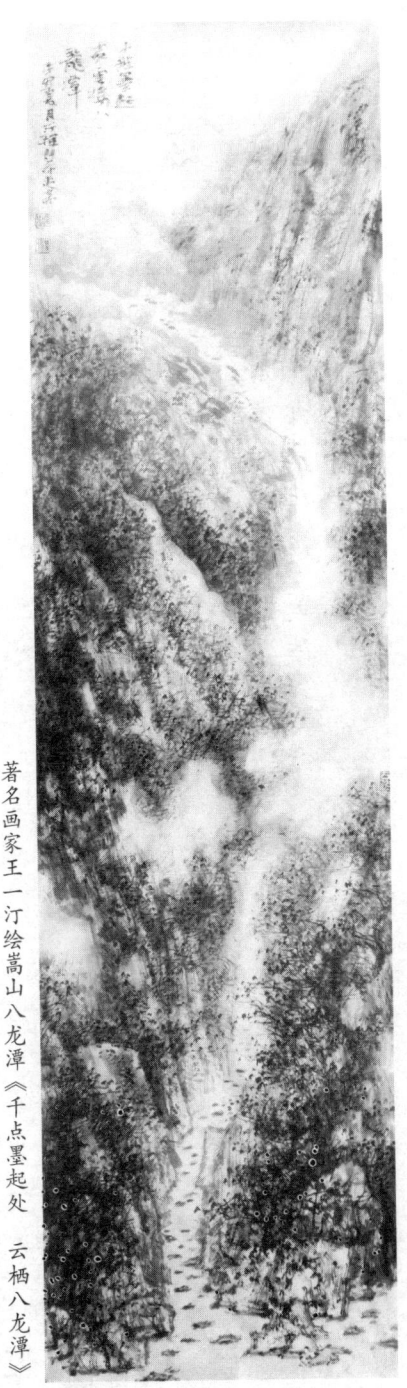

著名画家王一汀绘嵩山八龙潭《千点墨起处 云栖八龙潭》

九 龙 潭

（1999年8月3日）

一

一条玉带飞嵩涧，
九龙盘桓聚碧潭。
清泉丁冬洗烦尘，
绿蝉吱叽唱山巅。
紫竹折腰杜工部，①
黄菊醉倒李谪仙。②
待到禹公揭新幕，
嫦娥落户舞翩跹。

二

一瀑滴翠玉珠散，
九龙吐银碧丝连。
惊见亿年流浪石，③
洗尘笑倒众谪仙。

【注释】①杜工部：杜甫，曾游嵩山留诗。②李谪仙：李白，游嵩山写了许多诗。③"惊见"句：九龙潭在太室山阴，登之，可见数亿年前的海石浪迹，甚为珍贵。

【林从龙评】既有景物描写，又有历史追溯。九龙潭因历史积淀深，更显今日之美。

玉 女 峰①

（2001年4月12日）

嫦娥恋嵩山，
化身玉女峰。②
婷婷迎朝阳，
殷殷织霞虹。
感天瑶池满，
动地稻谷丰。
风雨砺石坚，
勤奋留英名。③

【注释】①玉女峰在太室山，李白等诗人多作诗赞美。②"嫦娥"二句：传说月宫嫦娥感嵩山神奥，私自下凡，与嵩山才子结为夫妻。王母娘娘派天神捉嫦娥回宫，嫦娥化为山峰永驻嵩山，是为玉女峰。③"风雨"二句：玉女经历了风雨，她的志坚和勤奋留在人间。

【林从龙评】以讲故事的形式，重点阐明志坚和勤奋的重要性。

太室坐佛[①]

（2006年9月10日）

秋高峰秀接蓝天，
气爽佛笑坐云端。
心静顿见辉光照，
有形无形弹指间。[②]

【注释】①太室坐佛位于太室山，秋天可见。②"心静"二句：心静顿悟可见坐佛辉光普照，看似有形却又无形，其变化在弹指之间。

【林从龙评】非"心静"不能"顿悟"，非"顿悟"怎能看到坐佛之"有形"与"无形"？

狮 子 峰①

（2006年9月16日）

昂首摆尾目圆赤，
近看是石远为狮。
人间多少有情物，
不同心境亦同诗。②

【注释】①狮子峰在太室山东麓，秋日可见。②"人间"二句：人间万物皆有情之物，只要认识此天人合一之理，不同的心境写出的诗篇也是一样的。

【林从龙评】从石头狮子想到天人合一，是"悟"的结果。

卧 象 岭①

（2006年9月18日）

岭长鼻伸绿林生，
坡大肚鼓灰石成。
启母阙前秋西望，
啸南卧象佑天中。②

【注释】①卧象岭在太室山南麓，秋日可见。②"启母"二句：秋天，站在启母阙前向西望去，卧象雄壮朝南呼啸，真是浑然天成。

【林从龙评】卧象呼啸，浑然天成，均由想象而来。我见青山多妩媚，料青山见我应如是。人山相恋，古今有之。

鳄 鱼 峰^①

(2006年10月4日)

启母石前大禹惊,
缘何鳄鱼卧西峰?^②
莫道中原无深水,
亿年嵩石天作成。

【注释】①鳄鱼峰在太室山南麓,四季可见。②"启母"二句:大禹治水,立于启母石前,惊见奇景,鳄鱼怎么横卧太室山西峰呢?

【林从龙评】首二句骤然提出问题,引起读者注意,末二句作答,章法井然。

中岳庙

中岳庙①

(2002年3月)

松柏森森庙宇古,
太室神阙秦汉祠。
配天作镇苍生福,②
宇宙俱瞻兴衰史。③
老树叶茂铁人在,④
新道改革谦之始。⑤
子晋驾鹤吹笙来,
中岳又到辉煌时!

【注释】①中岳庙,世界文化遗产登封"天地之中"历史建筑之一,位于太室山下,背依黄盖峰,面对玉案山,始建于秦,是中国五岳中保存较为完好的一所道教庙宇,被尊为"第六小洞天"。②配天作镇:庙中牌坊。③宇宙俱瞻:庙中牌坊。④铁人:庙中有四尊宋代铁铸人像。⑤谦之:寇谦之,南北朝时在嵩山修道,改革旧道,创立新天师道,在中国道教发展史上作出了重大贡献。

【林从龙评】可作为中岳庙史诗。

登太室中峰·步欧阳修韵①

（2011年3月9日）

披霞踏石船，
午过十八盘。
山呼不绝耳，
奇径峰下看。
鲤鱼冲天跃，
大风歌云端。

【注释】①太室中峰即太室山最高峰峻极峰。登之，可见圣山美景。

【林从龙评】写步韵诗难度很大，何况步古代名家的诗。"鲤鱼冲天跃"，可见作者胸襟。

附：登太室中峰

宋·欧阳修

望望不可到，行行何曲盘。
一径林杪出，千岩云下看。
烟岚半明灭，落照在峰端。

一排石碑作脚注　当思文化传心脉

黄 盖 峰①

(2002年3月)

汉武赐封黄云顶,
翠柏满山紫气升。
龙脊绵延中岳庙,②
鹰首啸呼万岁峰。③

【注释】①黄盖峰又名小顶山,在中岳庙御书楼后一公里处。传说汉武帝游嵩山到此,有黄云盖山顶,人谓吉祥之兆,故得名。现在,黄盖峰上有中岳行宫、六角黄色琉璃亭等物,夏日避暑极善。②"龙脊"句:山梁似龙脊一直绵延至中岳庙。③"鹰首"句:站在峰上可见万岁峰像苍鹰回首。

【林从龙评】登黄盖峰,读此诗和注释,可以增加许多"野史"中读不到的知识。

谒太室阙①

(2006年9月2日)

中岳庙南太室铭,
汉代文化刀刻清。②
阙基巨石显宏阔,
阙身浮雕见威风。
阙顶瓦当雄兵在,
阙文篆隶信笔成。③
细看段前标识圆,
排版第一世界惊!④

【注释】①太室阙,世界文化遗产登封"天地之中"历史建筑之一,位于太室山南麓中岳庙门前513米的中轴线上,建于汉元初五年(118年),乃珍贵历史遗存。②刀刻清:阙铭刻字为东汉中期的隶书,笔画已"变圆为方,削繁成简"。③"阙基"四句:描绘阙之文化特点,展现了汉代宏阔的文化精神。④"细看"二句:阙之铭文每段之前均以圆圈作标记,可谓当代印刷排版领域之鼻祖。

【林从龙评】对太室阙作如此详尽考证,不但显示了作者对嵩山文化的热爱,也可看出作者广搜博取的治学精神。

太室阙

卢崖瀑布①

(1979年8月20日)

铁崖刀削刺长空,
银瀑珠飞落九重。
穿峡涓涓奔大海,
百川润物起长龙。

【注释】①卢崖瀑布在太室山东南麓的悬练峰下,乃登封八大胜景之一。

【林从龙评】写瀑布之壮观,点化前人名句入诗,自然、生动。

著名画家王一汀绘嵩山卢崖瀑布脚下高村《高村小雪图》

上善若水①

（2009年2月9日）

容纳万物洗尘净，
不失本色随变形。②
平静聚力永向前，
滋润万物谦无声。③

【注释】①此诗是作者登太室山观卢崖瀑布时所赋。上善若水，像水那样品德高尚，永远向前。②"容纳"二句：水能容纳万物把灰尘洗净，并且不失自己本色随着事物的变化而变化形态。③"平静"二句：水能平静地聚集力量永远向前，并且滋润万物而谦和无声。

【林从龙评】对"上善若水"作了诠释，有利于读者学习。

厚 德 载 物[①]

（2009年10月31日）

星稀更显月华光，
薰草依人手自香。
积德如同天地厚，
载物方能容大江。

【注释】①此诗是作者登太室山感悟所写。厚德载物，即只有品德深厚才能干出壮丽事业。

【林从龙评】用诗的语言为"厚德载物"四字作了形象的诠释，有利于读者学习。

著名画家王一汀绘嵩山《秋涉嵩阳河》

元代观星台①

（2003年3月）

元代观星郭守敬，
四海测量树丰碑。
嵩山南麓垒高表，②
颍河北阴建石圭。③
呕心研制正方案，
沥血精做计时晷。④
授时历法惊世界，⑤
华夏科技耀日辉！

【注释】①观星台，世界文化遗产登封"天地之中"历史建筑之一，位于太室山南麓登封市告成镇周公庙内，元代天文学家郭守敬创建，是郭守敬组织全国大地测量的现存唯一实物。②高表：覆斗形台体，郭守敬创立四丈高表和景符测影法。③石圭：台体北部的一条垂直凹槽，用于平水测影。④计时晷：与前面的"正方案"都是郭守敬创造的天文仪器。⑤"授时"句：郭守敬根据观星台仪器编制的《授时历》法，成为我国古代最精确的历法，用了三百多年，震惊世界。

【林从龙评】观星台是当时的科技台，值得中华民族引以为荣。

观星台

周公测景台[①]

（1980年8月）

周公测景定天心，
竖尺阳城量夏冬。
道通宇宙有形外，
石蕴阴阳无影中。

【注释】①周公测景台位于太室山南麓登封城东南十二公里告成镇周公庙内。相传周朝初期，周公（姬旦，周文王之子周武王之弟）在营造东都洛阳时，曾在这里求地中，测土深，正日影，以定四时季节。我们现在在周公庙里看到的"周公测景台"，为唐开元十一年（723年）南宫说按照周公时所说的比例建的，高为古制八尺。由于他把底座造成了方锥体，夏至日中午日影投射只能达到基座外侧基线，所以地上无影，当地百姓习惯称之为"无影台"。据说，周公在每天的日中测量日影，把数据一一记录下来，把日影最短的一天定为"夏至"，把日影最长的一天定为"冬至"，把日影最长的一天到下一次日影最长的一天定为一年，进而把一年中两个日影长相等、昼夜相同的日，分别定为"春分"、"秋分"，再细细划分，总结出一年的二十四节气。这对于人们的生活、生产劳动是大有益处的。后人在石座的背面，刻有"道通天地有形外，石蕴阴阳无影中"的诗句，指明了周公测景台的作用。

【林从龙评】读此诗和注释，对周公测景台就会有详细了解。这是一般读物中读不到的。

周公测景台

浪淘沙·嵩岳寺①

(2004年1月21日)

太室笼苍茫,攀越寻芳。巍峨魏塔接天堂。② 抛物八边全不顾,独具辉煌!

汗水洒龙岗,方见狮狂。弯弓射箭不彷徨。磐石争奇终屈膝,笑拥天狼。③

【注释】①嵩岳寺,世界文化遗产登封"天地之中"历史建筑之一,位于太室山南麓,建于北魏宣武帝永平二年(509年),原是北魏皇室的一座离宫,后改为佛寺。②魏塔:嵩岳寺塔,建于北魏孝明帝正光元年(520年),是中国现存最古老的一座砖砌佛塔,高十五层,四十多米,塔身八边,呈抛物线形,造型独特,雄伟壮观。③天狼:天狼星,夜空中最明亮的恒星。

【林从龙评】写嵩岳寺之高、之美,历历如在目前。

嵩岳寺

龍崖方長狼
壯長弓射箭
不訪望堅如
磐石笋高峰
咲擁天狼

國臣先生新詞浪淘沙嵩嶽寺
噘銚即正 甲申仲秋 雨蒼

中国书法家协会理事王宝贵书《浪淘沙·嵩岳寺》

嵩阳书院①

(1998年8月)

太室之阳双溪清,
书院静倚玉柱峰。
云中唐碑记圣德,②
雨后汉柏写大风。③
程朱儒理传天下,
司马通鉴追史经。④
满园春色催桃李,
海纳百川五岳惊。

【注释】①嵩阳书院,世界文化遗产登封"天地之中"历史建筑之一,建于北魏孝文帝太和八年(484年),初名嵩阳寺,唐改为"奉天宫",宋改为"嵩阳书院",为宋"四大书院"之一。背靠玉柱峰,面对双溪河,环境幽雅,景色宜人。②唐碑:"大唐嵩阳观记圣德感应之碑",唐天宝三年(744年)刻立,高9米,宽2.04米,厚1.05米,为嵩山碑刻之冠。③汉柏:汉武帝刘彻于西汉元封元年(前110年)所封巨柏。④"程朱"二句:程颐、朱熹在此讲理学传遍天下,司马光在此写《资治通鉴》追述历史经验。

【林从龙评】从此诗及注释中,可以看出嵩阳书院厚重的文化积淀。

嵩阳书院唐碑

嵩阳书院

嵩阳书院放歌·步白居易韵

（2011年2月26日）

嵩岳大风曲飞扬,
开拓创新调胜商。
周柏吐翠壮才俊,
唐碑昂首迓朝阳。
挥毫血画蓝图好,
舞剑汗书史册长。
更喜巴西天中定,
人类文明有霓裳。

【林从龙评】步韵诗难写,何况还要显示时代气息？此诗是个创新！

附：嵩阳书院夜奏霓裳

唐·白居易

开元遗曲自凄凉,况近秋天调是商。
爱者谁人唯白尹,奏时何处在嵩阳。
迥临山月声弥怨,散入松风韵更长。
子晋少姨闻定怪,人间亦便有霓裳。

嵩阳将军柏

（2005年10月16日）

嵩阳书院周柏好，
汉武钦封名更高。
上接河汉叶吐翠，
下临清溪枝不凋。
鸟瞰百岭云为带，
俯视千壑烟作桥。
树大成林多果木，
山呼十月倍娇娆。

【林从龙评】先看诗，再看将军柏，收获倍增。

嵩阳将军柏·观音东渡

会 善 寺①

(2010年12月15日)

天中山书颜真卿,②
大衍历创张一行。③
元造大殿多雄伟,
松林深处钟鼓鸣。

【注释】①会善寺,世界文化遗产登封"天地之中"历史建筑之一,位于河南登封市太室山之西南麓积翠峰下,与少林寺、嵩岳寺等并称为嵩山之名刹。本寺原为北魏孝文帝之离宫,其后捐为佛寺,隋开皇年间(581~600)改名为会善寺。②"天中"句:寺中有唐代大书法家颜真卿书写巨字"天中山"。③张一行:一行和尚,姓张名遂,曾在会善寺主持编修天文历书《大衍历》。

【林从龙评】多次去嵩山,但未亲临会善寺。读到"天中山"、"大衍历",不禁心向往之。

会善寺

嵩山一行僧①

(2005年2月23日)

一行苦写大衍历,
步测子午恸玄宗。
得爱忆卑常思进,
仰望长空星更明。

【注释】①一行僧,唐代著名的天文学家和佛学家。本名张遂,生于唐高宗永淳二年(683年),今河南省南乐县人,自幼好学,擅长历象、五行,因不愿同武三思同流,便离开京都,在嵩山会善寺出家,拜普寂禅师为师,取法名为一行。其聪颖过人,过目成诵,主持编修《大衍历》,步测子午线,在仪器制造、天文测量和创制新历等方面成绩优异。其呕心沥血,英年早逝,唐玄宗曾哭悼之。

【林从龙评】"得爱忆卑",可作为今人的座右铭。

天中山唐贈臭卿大德進士採林
行創建張一行元
大歷多殿金
勳殿多鐘鳴

張國臣題會善寺

著名篆刻书法家许雄志书《会善寺》

石淙河感怀[①]

（1980年1月）

峭立摩崖太室南，
天中胜境颍河边。
凌云壮志大唐盛，
智勇双全武则天。

【注释】①石淙河位于太室山东南玉女台下，唐武则天大宴群臣之地，史称"石淙会饮"，乃登封八大胜景之一。现有唐摩崖石刻，非常珍贵。

【林从龙评】对武则天的评价，历来众说纷纭。乾陵无字碑说明武则天已看到这一点。此诗以"智勇双全"赞誉她，说明作者不受历史局限。

著名画家郑玉崑画嵩山《无限风光在险峰》

永泰寺①

（2001年6月）

太室西来望都峰，
楼高塔古沐春风。
公主拈花听钟鼓，②
王子乘鹤吹箫笙。③
菩提树奇花静心，
达摩井幽水养容。④
唐碑书史六龙盘，⑤
谁人不记复兴功？

【注释】①永泰寺位于登封县城西北十公里太室山南麓，北魏孝明帝熙平二年（517年）创建。永泰公主是孝明帝之妹，因她出家为尼，所以孝明帝为她创建此寺。现存有唐朝所建的永泰寺塔、永泰寺碑、娑罗树等文物。②公主：永泰公主。③王子：王子晋。④达摩井：寺中之井又称达摩井。⑤唐碑：寺内有唐碑，碑上刻有六条盘龙。

【林从龙评】这些带有传奇故事的建筑，是嵩山文化的重要组成部分，不可不细读。

木宝西来自都峤楼高塔
古沐春风公圣站花听钟鼓
王子乘鹤吹箫笙菩提树奇
花静心远摩井幽水养容唐
碑书更六龙盘逢人不说复
兴功

张国昌先生游永泰寺佳章属书 甲辰秋月书于汴梁桑凡

永泰寺佛塔

炎黄巨塑落成大典①

(2007年4月18日)

东升旭日放光芒,
薄雾西落见炎黄。
大河九曲东流去,
人间正道是沧桑。

【注释】①炎黄巨塑位于太室山北黄河南岸。作者于2007年4月18日在郑州黄河风景区参加庆典即时赋诗。这里是黄土高原的终点,地上悬河的起点。早上,大雾弥漫。上午9时庆典开始,旭日东升放出光芒,薄雾渐散西落,大地神奇现出高106米的炎黄二帝巨塑,山人合一,万众惊讶!

【林从龙评】这一奇观,早已由各国与会者传遍世界。作者用诗记下,可称"诗史"。

第三编

少室吟

少 室 山 赋①

(2005年2月9日春节)

九朵禅莲,涌地接穹天。壁立千仞望不断,登峰身置霄汉。

湖光塔影寺连②,虎啸凤鸣云翻。少室春雪素裹,更显风光无限。

【注释】①少室山在河南省登封市北,东距太室山约十公里。据传,禹王第二个妻子,涂山氏之妹栖于此,人于山下建少姨庙敬之,故山名谓"少室"(室:妻也)。少室山主峰御寨山,海拔1512米,为嵩山最高峰,从山南北望,山峰叠压,状若千叶舒莲,人称"九顶莲花山"。少室山顶宽平如寨,分为上下两层,有四天门之险。据《河南府志》载,金宣宗完颜珣与元太祖成吉思汗交战时,宣宗被逼出京,曾退入少室山,在山顶屯兵,故称"御寨山"。御寨山西有水柜一处,人称"小饮马池",水量能供万人饮用。传说明末李际遇起义即在此处驻兵。②"湖光"句:少室山北有少林湖、塔林和少林寺,风光无限。

【林从龙评】这也是信笔长短句,读后对少室山的来历有进一步了解。

少 室 山

（2002年6月）

南望少室莲花起，
天地融结山已极。①
三皇天梯挂云端，②
鬼斧神工罗剑戟。③
树茂林深崖先红，
风吹雨打石更碧。
登上御寨最高处，④
方见三十六峰立。

【注释】①"天地"句：在天地混沌时，少室山就极高了。②"三皇"句：三皇寨的天梯挂在云端。③"鬼斧"句：山崖陡峭似剑戟排列，真乃鬼斧神工。④御寨最高处：少室山主峰为御寨峰。

【林从龙评】洪荒时代，少室山就挂在云端。登上御寨，遥想当年，心胸能不为之开阔？

少室山

观音诞生日有感①

（2010年4月3日）

玉瓶甘露洒人间，
纤手杨枝扫世难。②
福禄本自吃亏始，
大慈长寿顺苍天。③

【注释】①民间传说观音菩萨的生日是农历二月十九。②"玉瓶"二句：观音手执玉瓶把甘露洒向人间，纤纤玉手拿翠色柳枝扫清世间的苦难。③顺苍天：顺应苍天。

【林从龙评】诗品决定人品。读此诗可以领悟如何做人。

少室春雪

(2004年3月)

苍天飘落片片银,
大地叠盖层层云。
嵩山突见花千树,
道法自然画更新。

【林从龙评】信手拈来,有情有理,可见天然之美。

嵩岳宛玉①

（2002年4月15日）

茫茫宇宙女娲奇，
南阳卧龙造独玉。
神炉红火炼晶莹，
寒山白雪修透剔。
流泉浸冲尤刚亮，
琴瑟伴弹更柔丽。
龙吟春雷醒嵩岳，
试问四海谁能比。②

【注释】①传说嵩山有玉，独玉也，乃女娲遗在南阳，孔明躬耕拾得，后流落嵩山。大臣得之，献给女皇武则天。女皇视如生命，常戴身上。②"龙吟"二句：传武则天戴玉登上嵩山主峰峻极峰，投金简告知天下独尊，封中岳神。武则天改嵩阳县为登封县，改阳城为告成，意为"登嵩山封中岳告成功"。

【林从龙评】用诗说宛玉故事，可以启迪后人。

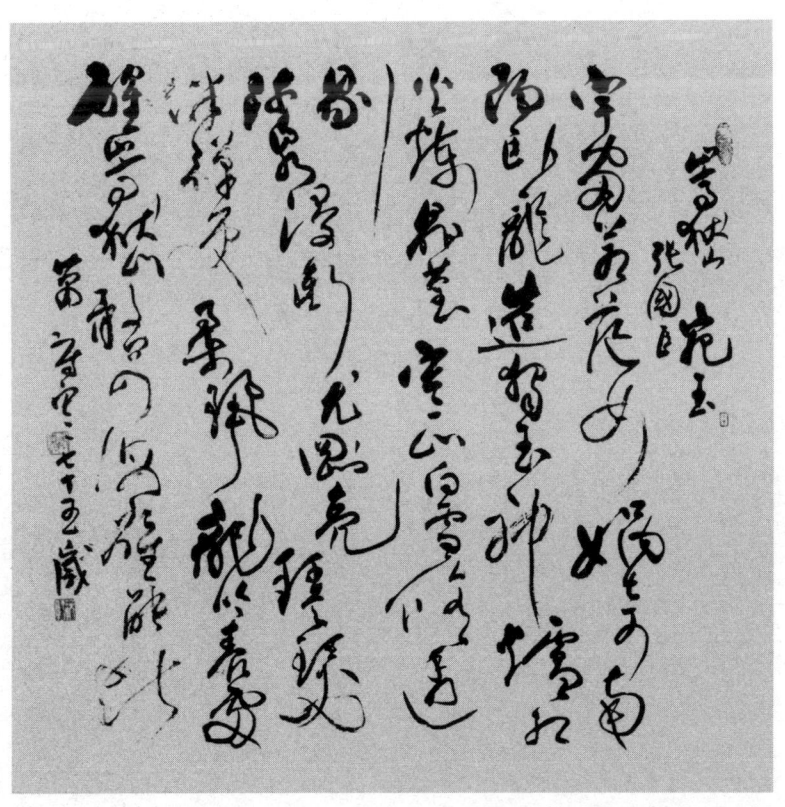

著名书法家李逸野书《嵩岳宛玉》

少室秋思

(2010年10月31日)

枫叶吐火山色新,
秋雨洗尘菊缤纷。
自古圣贤天不负,
名山踏遍笔生金。

【林从龙评】"名山踏遍笔生金",诗人、作家应该牢记并付诸实践。

树古庙幽

少室秋思

少室卧佛[1]

(1982年3月)

佛祖自若卧千年,
禅心永定少室山。
大肚能容天下事,
慈颜常笑万物间。

【注释】①站在少林寺常住院立雪亭南观,少室山如横卧之睡佛。

【林从龙评】大肚能容,容天下难容之事;慈颜常笑,笑世间可笑之人。作者把这副家喻户晓的对联融入诗中写卧佛,极切。

少室站佛[①]

（2006年9月11日）

头顶白云脚踏莲，
手持佛珠口念禅。
积善成德真容见，
早接旭日照心田。[②]

【注释】①少室站佛位于少室山，秋日可见。②"积善"二句：只有修身积善成德高之士才能看见站佛的真容貌，心中有佛，早晨才能接迎旭日照在心田。

【林从龙评】只有积善成德，心中有佛，才能早接旭日。

虎 头 峰①

(2006年9月17日)

西望少室景不同,
突见一虎啸长空。
身正腿长显岭峻,
头大耳竖见岩雄。②

【注释】①虎头峰在少室山北麓,秋日可见。②"身正"二句:天人合一,少室虎头庄严,身正腿长,方显山岭之峻,那虎头之大、虎耳横竖可见山岩之雄。

【林从龙评】"岭峻"、"岩雄",均由虎头峰显示。"一虎啸长空",把少室山写活了。

石僧迎宾[①]

（1980年8月）

一

少室东来拥旭日，
石僧西进迓嘉宾。
菩提花开香世界，
禅拳增益天下人。

二

我以诚心写嵩山，
慧灵禅意在胸间。
人生犹如登峰路，
崎岖方可见奇观。

【注释】①石僧迎宾在少室山东麓，奇景也。

【林从龙评】"崎岖方可见奇观"，看景是如此，人生道路也是如此。此诗深含哲理。

莲 花 寺①

(2004年5月4日)

少室生莲花,
茂木耸云天。
观音善点化,
寺款众人捐。②
百草能医病,③
滴水可石穿。
林海涛声响,
风起银浪翻。

【注释】①莲花寺为嵩山七十二寺之一,在少室山南麓。②"观音"二句:传说观世音菩萨点化,众僧徒捐款建此寺院。③"百草"句:嵩山百草可治病,僧人采药服务百姓。

【林从龙评】僧人采药服务百姓,百姓敬仰莲花寺,理所当然。

少 林 寺①

（2000年1月19日）

少室丛林寺接天，
五乳奇峰碧溪连。
达摩面壁为禅祖，
群雄劈峰化神拳。②
立雪断臂鉴诚信，③
倡德护国有遗篇。④
花开五叶绽新蕾，⑤
与时俱进更无前。

【注释】①少林寺，世界文化遗产登封"天地之中"历史建筑之一，中国佛教禅宗之祖庭，创建于北魏太和十九年（495年），因建于少室丛林之中，故名"少林寺"，为"天下第一名刹"。②神拳：少林拳，少林武功，为少林历代寺僧所创，刚柔相济，注重实战，灵活多变，育无数英雄。世称"天下武功出少林"。③立雪断臂：慧可求法少林，站立雪中，示诚，"天降红雪"，达摩遂授衣钵，谓禅宗二祖。④倡德护国：少林寺讲求武德，匡扶正义，保家卫国，有刻石为证。⑤花开五叶：佛教传入我国后，禅宗以达摩为主称一花，后佛教发展衍变成沩仰、临济、曹洞、法眼、云门五个流派，称五叶。

【林从龙评】对少林寺作了全面介绍。去少林寺前，最好细读。末句指明少林寺科学发展的方法，很有道理。

少林寺

谒 少 林[①]

(1983年7月27日)

少林千载寺,
禅宗之渊源。
风起佛香扫,
树动拳声酣。
雨涤碑更净,
山迎嘉客还。
游人遍四海,
佳句古今传。

【注释】①此诗是作者考察少林文化时写的日记。

【林从龙评】这样提纲挈领地介绍少林,可作考察文化的序言看。

少 室 阙①

(2011年6月25日)

嫦娥奔月虎逐鹿,
婵娟踢球狐追兔。②
欲知东汉艺术美,
请到少姨庙寻古。③

【注释】①少室阙,世界文化遗产登封"天地之中"历史建筑之一,位于少室山下,是汉代少室山庙的神道阙,与太室阙、启母阙并称为"中岳汉三阙"。②"嫦娥"二句:少室阙阙身石块上保存了很多东汉时期的艺术作品,浮雕有狐逐兔、赛马、蹴鞠、兽斗、斗鸡、马戏、玄鸟生商、四灵图、羽人图、双龙穿壁图、车马出行、双兽争食、羊头、辟邪柏、铺首衔环以及山水等图案七十余幅。③少姨庙:少室山庙,唐代改称少姨庙,其神为妇人像,相传少姨为涂山氏之妹。

【林从龙评】这是《谒少林》的续篇,继续写少林历史。

达 摩 影 石①

(2005年1月1日)

求之不得得不求,赢得好运靠奋斗。一苇渡江来,面壁影石留。

听音寻雏凤,悦目登高楼。少林创禅宗,五叶绿神州。

【注释】①传说达摩从印度来到中国,于北魏孝明帝孝昌三年(527年)在南京与梁武帝谈禅,因理论不合,遂北上,在长江边折一根芦苇,踏之飘然而过,谓"一苇渡江"。达摩探幽嵩山,长住少林,于五乳峰上石洞"壁观",从公元527年到536年,九年(或云十年)面壁而坐,终日默然,人莫之测。精诚所至,以至达摩影入于石。后称达摩为禅宗初祖,此石为"面壁影石","壁观"之石洞为"面壁洞"。

【林从龙评】这是信笔长短句。达摩影石可启人深思。

谒达摩洞①

(1983年7月27日)

东来嵩山入少室,
初祖面壁九年功。
苦心孤诣开万象,
默玄静处悟大乘。
钵传一刃飞红雪,
花开五叶济苍生。
山石成影心可鉴,
世人敬仰垂丹青。

【注释】①达摩面壁洞位于初祖庵北五乳峰上部。此为一天然石洞,深7米,宽3米余,乃达摩面壁处。洞前立有明万历甲辰年(1604年)的双柱单孔石坊一座,面额题刻"默玄处",背额题刻"东来肇迹"。入此洞,如入仙境,倚石俯瞰,峰峦脚下,心旷神怡。

【林从龙评】不读此诗,这一重要景点,可能匆匆走过,"默玄处"可能成为终生问号。

落日熔金照丛林 醉入名山听梵音

初 祖 庵[①]

(2010年9月27日)

一苇渡江悟大乘,[②]
石雕斗拱亮禅灯。
达摩有意净世界,
面壁无声成祖庭。

【注释】①初祖庵,世界文化遗产登封"天地之中"历史建筑之一,位于少林寺北约一公里,五乳峰下的小山丘上。这是宋人为纪念初祖达摩而修建的一座庵院,又称"面壁庵"。大殿建于宋宣和七年(1125年),进深三架,面阔三间,主要构件如斗拱、石柱、石雕等为北宋原物,甚为珍贵。②一苇渡江:传说达摩渡过长江时,并不是坐船,而是在江岸折了一根芦苇,立在苇上过江的。大乘:公元1世纪左右逐步形成的佛教派别,即菩萨的法门,以救世利他为宗旨,最高的果位是佛果。

【林从龙评】连同注释一起读,可以增加许多关于佛门和初祖庵的知识。

初祖庵

禅代重席开定净手面壁等书半龛虚

张国五浩笔题

少林寺初祖庵

一苇渡江 悟大乘禅石 雕斗拱隆

中国书法家协会副主席刘艺书《初祖庵》

临江仙·初祖庵

(1986年5月)

　　一苇渡江少室,面壁九年入影。五乳峰下人独行。朔风岩石坚,飞雪柏枝挺。
　　模仿五禽强体,吸收儒道良风。少林开创立禅宗。殿小十方化,山低佛光生。

　　【林从龙评】从达摩"一苇渡江"写起,中国禅宗的历史渊源、少林拳的雏形及发展历历可见。

塔　林①

（2010年9月26日）

五乳峰前塔如林，
砖石刻画大德僧。
沧桑世变方圆里，
有形境界寄真情。

【注释】①塔林，世界文化遗产登封"天地之中"历史建筑之一，位于河南省登封市少林寺西约二百五十米，为历代和尚的墓地，是国内最大的塔林。

【林从龙评】情寄塔林，是有形境界，深含禅理。

塔 林

少林邵元碑[①]

（2004年12月7日）

日僧邵元来，
学禅书铭碑。
息庵任首座，
法照撰文归。[②]
处世忌太洁，
至人贵藏晖。
往者不可谏，
来者犹可追。

【注释】①日本僧人邵元，号古源，于元泰定四年（1327年）来到中国，1329年入住少林精修禅法，与息庵住持关系甚厚，担任书记职务，后当了"首座和尚"，与少林僧人结下深厚友谊。1347年，邵元回到日本，住大圣、待持、东福等寺，撰写了《息庵禅师道行之碑》，反映了中日两国人民之间的友谊。②法照：《照公碑》，邵元书丹，为1339年所建，言息庵的师叔菊庵法照事迹，其汉文书法，方正流畅，势高峰秀。此碑现存于少林寺塔林，为中日文化交流的宝贵实物。

【林从龙评】这样重要的碑，我多次去塔林却未看过。"来者犹可追"，以后当专程前往。

曰僧邵元来寺禅出铭碑息庵从首座法照撰文归扈世忘太洁至人贵藏晖往之字庞谏来者犹可追

乙酉岁书张铁圈民之少林邵元碑篆张飙

中国书法家协会驻会副主席张飙书《少林邵元碑》

少 林 竹①

(2005年5月1日)

五乳峰翠蕴禅机,
流泉圆石润清笛。
虚心竹有低头叶,
风摧傲骨不见稀。

【注释】①少林寺位于嵩山西麓,坐落在少室山阴丛林茂密之处,故名"少林寺"。该寺面对少室山,背依以"旗、鼓、剑、印、钟"等五种形态命名的五乳峰,寺前有潺潺流淌的小溪和奇异多姿的巨石,寺中有青翠挺拔的竹林,蕴藏着不尽禅机,令人流连忘返,回味无穷。

【林从龙评】这是以物喻人的咏物诗。目的是告诫自己:做人要虚心、低调、谦和,这与傲骨是相辅相成的。

五乳峰头藏禅堂,圆石洼中留磬声,崖心并开弓低弓,箨筒摇撼骨瓦见稀

张国臣先生少林竹诗一首 辛卯上月 宋华平

河南省书法家协会主席宋华平书《少林竹》

二 祖 庵①

（2006年5月1日）

断臂立雪石成金,②
钵盂涌泉韵禅林。③
要知少室莲花净,
细看慧可善诚心。

【注释】①二祖庵位于少室山钵盂峰顶,是禅宗二祖慧可的佛徒为纪念二祖而修建的。二祖庵与初祖庵南北相望,故又称"南庵"、"北庵"。元代日本僧人邵元在少林寺学佛法期间,就住在南庵。②"断臂"句：二祖慧可断臂立雪感天动地,达摩收之为徒点石成金。③"钵盂"句：钵盂峰上,达摩以锡杖点出"苦辣酸甜"四井,颇有禅意,滋润人心。

【林从龙评】"苦辣酸甜"四井的禅意,应用心领会。

少林别山禅画①

（2006年12月1日）

漫空竹翠师陶潜，
立雪画梅亦悟禅。
苍劲虬枝化龙去，
不信嵩山无圣贤。

【注释】①别山和尚于明崇祯六年（1633年）在少林学禅画梅，四季不辍。相传这年腊月二十八，嵩山降鹅毛大雪，别山站在少林立雪亭拜了三拜，即在雪中画梅一天。待师弟叫他时，只见一雪人站立，再看其画梅花，梅根像龙头探地，梅梢如龙尾冲天。众僧齐拜，只听一声吼，这条龙升天，留下一梅花图于少林。

【林从龙评】这些传说，如果不收入作者诗中，恐将失传。即使通过转述口传心授，"言而无文，行而不远"，也十分可惜。

少林禅意

普京访少林①

（2006年3月22日）

今日嵩山瑞气生，
喜悉普京访少林。
铁腕治国兴经济，
钢拳平叛固疆门。
术学少林欣有女，
画到梅花不让人。
竞选连任人民爱，
搏击魅力长精神。②

【注释】①此诗是2006年3月22日俄罗斯总统普京访问少林寺时作者写的日记。②"竞选"二句：普京竞选总统连任得到人民热爱，来少林观看少林搏击领略文化魅力更长精神。普京的女儿拜少林武僧为师，学习少林武术。

【林从龙评】对普京访少林如此重视，说明作者时刻在关心少林。

登封首届世界传统武术节迎宾式①

（2004年10月17日）

二室放歌环球扬，
进军奥运神拳长。
四万蛟龙腾云雾，
八方英杰舞刀枪。
嵩岳峰峦开画本，
少林丝竹谱华章。
鼓响钟鸣震世界，
创新古刹更辉煌。②

【注释】①2004年10月17日上午9时，首届世界传统武术节迎宾式上，从登封城至少林寺10公里，4万武术队员表演，中外嘉宾数万人沿途观看。②"创新"句：少林寺不断创新，少林武术列入北京2008奥运会比赛项目。

【林从龙评】把迎宾式这一历史瞬间记载下来，传之后世，传之中外。

少林武术杂咏

（1980年8月）

一

远望少室数峰青，
峰峰奇特拥旗旌。
金戈铁马冲天炮，
天下武功在其中。

二

烟云袅袅一钟鸣，
寒木森森月出东。
塔林棒舞刀光闪，
涧水不流觅杀声。

三

少林翠柏株株挺，
中藏浩气壮嵩峰。
莫道晴日叶不动，
雨打风吹方显功。

四
千佛殿里练武僧,
汗水填满脚跺坑。
少林真谛精气神,
拳不离手是正宗。

【林从龙评】"杂咏"并不"杂",首首都在歌咏少林武术。

少林千佛殿

练 功

(2004年3月26日)

沧海桑田,嵩山隆升。
健康生活,唯有运动。
时日流转,柳条吐青。
天天早起,面拂晨风。
颖河冰开,水清浪平。
少年吃苦,老来少病。
冬去春回,山花染红。
挺胸站立,圆软松静。
升降开合,刚柔兼并。
吐故纳新,血脉畅通。
多吸新氧,祛病养生。
心胸开阔,笑看涛涌。
宁静致远,永远高兴。
战胜自我,持之以恒。
风雨无阻,百炼钢成。

【林从龙评】写练功的体会,读者可从中得到启示。

念奴娇·少林怀古

（2011年6月19日）

壁立千仞，九天破，奋起多少豪杰！少室丛林，建佛寺，震撼大千世界。面壁十年，影入于石，断臂飞红雪①。三教②汇通，方成禅宗祖阙。

遥想唐宋明清，狼烟四起时，卫国洒血。觉远小山③，棍挥间，强虏灰飞烟灭。改革开放，喜看新禹公，再创伟业。群贤毕至，共赏嵩山明月。

【注释】①"断臂"句：典故来自于神光（即慧可）欲向达摩求法，达摩说："要我给你传法，除非天降红雪。"神光解意，意识到这是圣僧指点他禅悟的诀窍，毫不犹豫地抽出随身携带的戒刀，砍断左臂染红了地上的积雪。②三教：指儒、佛、道。③觉远小山：觉远和尚，曾带领十三棍僧救唐王李世民；小山为明代和尚，是抗倭英雄。

【林从龙评】紧扣题目"怀古"二字，写少林历史，气贯长虹。

主编《少林诗词选》感怀①

(1982年5月17日)

窗外柳丝送晚霞,
室间翰墨趁朝华。
九年面壁夺魁首,
诗林词苑发春芽。

【注释】①此诗是作者应中国旅游出版社副总编范云兴先生之约,主编《少林诗词选》时写的日记。该书由赵朴初题写书名。

【林从龙评】作者热爱故园嵩山,编《少林诗词选》时其欢快心情可想而知。从早到晚,孜孜不倦,"发春芽"是必然结果。

答 众 师[①]

（1998年4月）

少学血汗凝，[②]
众师点石功。
吾辈再面壁，
奋攀峻极峰。

【注释】①该诗是作者在河南省社科院、大河报社1998年4月举办的《中国少林文化学》研讨会上的答谢诗。②少学：《中国少林文化学》，是作者研究嵩山少林文化二十多年的力作，二十一章，四十七万字，河南人民出版社出版。该书第一次建立起少林文化体系，创立了少林文化学科，在中国区域文化研究史上是一重大突破，获郑州市政府"旅游发展特别贡献奖"，被评为河南省优秀社科图书一等奖、首届中国山花奖学术著作优秀奖，光明日报专题报道并誉作者为"少林文化学第一人"。

【林从龙评】创建了少林文化体系，得到这么多荣誉，但作者心中牢记的是"众师"，并决心"再面壁"，"奋攀"峰，给读者树立了榜样。

著名篆刻书法家许雄志刻《答众师》印章

后 记

报恩思人杰　奋进莫闭关

北魏嵩塔观星景，汉武石阙记夏功。
朝日巴西红世界，天地之中定登封。

2010年8月1日凌晨，从巴西传来消息，登封"天地之中"历史建筑群列入世界文化遗产名录，中岳嵩山走向了世界！我写诗记述了这一重大历史事件。中共河南省委常委、郑州市委书记连维良对我说："你是研究嵩山文化的专家，用什么作品纪念献礼呢？"

"诗言志"，我想到了诗集。因为诗精练纪实，因为诗"赋比兴"寄情，因为我学写诗词三十多年，已发表了数百首嵩山诗。

"少小读嵩阳，发誓笔不闲。"我1956年出生于嵩山南麓登封县宣化镇的一个小山村，初一作文写诗七律二首，赞《智取威虎山》中的英雄杨子荣，得全校最高分。高一语文老师陈万有授课说："读会唐诗三百首，不会编来也会诌。"杨万林同学找了一本发黄的《唐诗三百首》，我借来，如饥似渴地读，连续几天抄完。钢笔磨秃了，眼界开阔了，写作水平提高了。1977年党中央恢复高考，我以全县第一名的成绩考入河南大学中文系。入学第一天，写诗《起跑线上》，被校报刊登。1979年春，我在图书馆看到清代学者景日昣所著的嵩山文史专著《说嵩》，李白、杜甫、白居易、欧阳修、邵雍等文学大家的游嵩诗震撼了我。"中国改革开放，我该做点什么？""编注历代名人嵩山诗选。"我的想法得到了中文系领导杨瑾、苏文魁教授的大力支持。暑假，我手拿古诗登临嵩山峰峰寺寺，身临其境，实地考察，以蚂蚁啃骨头的精神，于1980年春天完成了书稿。我叩开了系主任任访秋教授的家门，请任老审稿作序。十天后，任老在书房里接待了我。七十多岁了，他戴着两副眼镜，一副老花镜，一副放大镜，放下他正在校勘的《中国现代文学史》书稿，拿起我的《历代名人嵩山诗选注》说："一个大三学生能写出这样的书，不容易啊！总体还可以，序写好了。"我的眼睛湿润了。任老语重心长地说："人贵有志，学有专攻。现在你若研究唐宋文学，可能一辈子也超不过全国名家；你若长此以往深入研究嵩山文化，那些名家可能永远也超不过你。天道酬勤，有德无敌，努力吧！"这是大师的指点教诲啊！

"面壁成影石，滴水汇海还。"三十多年来，在工作之余，我潜心学习研究嵩山文化，拍摄了上万幅嵩山照片，写出了三百多首嵩山诗词，创立了少林文化学科，专著《中国少林文化学》获首届中国山花奖学术著作优秀奖；著述了《神奥嵩山》，撰写了《嵩山》十集文化风光片文学脚本，中央电视台拍摄并播出；出版了《嵩山的流泉》九卷文化丛书；被郑州市政府授予"旅游发展特别贡献奖"，中央媒体赞誉为"少林文化学第一人"。我感恩党的培养和人民的培育，2011年5月16日向登封市262所中小学捐赠自己所著《嵩山的流泉》等10本专著，把数千册珍贵藏书捐赠给"嵩阳高中国臣图书馆"。近日，我把多年写的诗词精编为《嵩山诗词一百首》，并配所摄嵩山照片，献给世界文化遗产——登封"天地之中"历史建筑群，献给古奇神奥的中岳嵩山，献给关心、帮助、培养、支持我的敬爱的领导老师和亲爱的朋友们！

"少学血汗凝，众师点石功。吾辈再面壁，奋攀峻极峰。"本书是集体智慧的结晶。省市领导连维良、吴天君、郑福林、乔耸为本书的出版提供了大力支持。年过百岁的著名国学大师文怀沙为本书精心题写书名，著名作家二月河、著名教授杨匡汉审阅本书并精心撰写序言，著名诗词专家林从龙为诗一一精心点评，著名书法家张海、刘艺、李铎、张飚等精心书写诗词，著名画家郑玉昆、王一汀、王兰珍等精心为诗配画，著名篆刻书法家许雄志精心为诗刻印，妻子王素珍、女儿张小羽精心参与诗词编选，河南大学出版社马小泉、王四朋、胡长瑞精心策划，高瑛、张鲜明、徐翠萍、徐建勋、吴元成、杨蔚、许建洲、刘星歧、鲍晋选、吕宏军、王小吾等从不同方面给予支持，在此一同致谢祝福，神奥嵩山愿千千万万勤劳善良向上的人们永远健康、平安、幸福！

张国臣

2011年7月25日凌晨于郑州求阙斋

Postscript

Remember the Elites' Deed when Showing Gratitude, and Minds Shall Not Close up When Endeavouring towards the Target

"On the Song Pagoda built in Beiwei Dynasty, we enjoy the view of the stars,

On the stone pavilion of Hanwu Emperor engraved the accomplishments of Xia Dynasty;

The morning sunshine of Brazil lit up the whole world,

and Dengfeng is the Center of Heaven and Earth that glorify it all."

August 1, 2010. Before dawn. News came from Brazil that the historic monuments of Denfeng is "The Center of Heaven and the Earth" got on the World Cultural Heritage List. This is a milestone showing that Zhongyue Songshan Mountain has become worldly known! Above is the poem that I wrote to celebrate this profound event. Still, the question "As an expert of Songshan culture, do you have any work as a gift to memorize this moment" is raised by Mr. Lian Weiliang, member of Henan provencial party standing committee, and the municipal party secretary of Zhengzhou.

As the saying goes, "poetry expresses the wills". What first pops up in my mind is to publish a collection of poems. The reason being obvious: poems are succinct and documentary; my affection is best delivered by traditional Chinese "Ode, Parallelism, and Association"; and I have more than thirty years of poem-writing experience and hundreds of my works have been published.

"I have been reading Songyang since I was really young, and have made my promise not to stop writing about it." I was born in a tiny mountain village of a town named Xuanhua in Dengfeng, which is situated on the southern side of Song Mountain. In the first year of my junior high, I wrote two Qilu to remember Yang Zirong, the hero in the famous opera "Taking the Weihu Mountain by Wits", and won the highest score among my schoolmates. Mr. Chen Wanyou, the Chinese literature teacher of my senior high once said, "Finish reading the three hundred poems of Tang dynasty, you can pretty much murmur poems even if you cannot write one." Still vivid in my mind is that when my classmate Yang Wanlin got a really old book called "Three Hundred Poems of Tang Dynasty", whose pages even turned yellow, I borrowed it, read with great eagerness, and finished it in just a couple of days. Such passion provided me with a wider view of literature, and a great improvement to my writing skills. In 1977, the College Entrance Exam is re-adopted. As the top student in my hometown,

I got into Henan University, majored in Chinese Literature. Shortly after entering college, my poem "On the Starting line" got published in our college newspaper. In the spring of 1979, I read a monograph in the library named "On Songshan Mountain" written by Jing Rizhen, a scholar from Qing dynasty. I was deeply touched by all the poems about Song Mountain produced by all the ancient giant poets like Li Bai, Du Fu, Bai Juyi, Ouyang Xiu, Shao Yong, etc. As time goes by, I asked myself "Now that China has adopted the Opening-up policy, what should I do to contribute to the development?" My thoughts of "composing and annotating poem selections on Songshan Mountain written by the well-known of the successive dynasties" was greatly supported by Mr. Yang Jin and Su Wenkui, leaders and professors of the department of Chinese language and literature of Henan University. So during the summer vacation, I climbed various peaks of Songshan Mountain, and visited almost every temple locates in Songshan, with the classic ancient poems in hand, reading them and experiencing them, and visited the sites that the poems depicted. Finally, with the spirit that "an ant gnawing a big bone", I completed my book draft in 1980. I knocked at the door of the dean of my department, the famous scholar and professor Mr. Ren Fangqiu, and asked him to review the book and write the Preface for it. Ten days later, Mr. Ren discussed with me about the book in his study room. He was in his seventies, with 2 pairs of glasses hanging on his neck, one is presbyopic and the other is a pair of magnifier. He put down the book "Contemporary History of Chinese Literature", and picked up my "Selections and Annotations of Poems on Songshan Mountain Written by the Well-known of Past Successive Dynasties" and said to me, "It is definitely not easy for a junior to accomplish such a book! Generally, it is a good book. Here is the Preface." On hearing this, my eyes got a little watery. Then, Mr. Ren said to me with his sincerity, "Will is the most cherishable quality for a man, and it is important to have specialty in a particular area. If you start to study on literature of Tang dynasty and Song dynasty, it is very much possible that you will not catch up with the national prestigious experts. However, if you keep studying and researching on the culture of Songshan Mountain in depth, it is highly likely that all those national prestigious experts on literature will never catch up with you. Efforts will be paid off. Moral integrity will free you from enemies. Best of luck, young man!" Aren't these the invaluable guidance and teachings from a great master!

"Facing the wall in meditation and the shadow mirrored into the stone. Water drops form the ocean eventually." In the past thirty years, I have devoted myself into the study of the culture of Songshan Mountain. I took tens of thousands of pictures of Songshan, and wrote more than three hundred poems about Songshan; I created an independent subject of learning called Shaolin Cultrual Study, and wrote the book "the Study on Shaolin Culture of China" and won the "Excellency Prize for Academic Writing of the First Chinese Shanhua Award"; I wrote the book "the Miraculous and Mysterious Songshan Mountain", and completed the literature script for the series of cultural and scenery documentary film called "Songshan Mountain", which is filmed and broadcast by China Central Television; I published 9-volume series of books called "the Flowing Spring of Songshan".... Because of all these painstaking efforts and diligence, the municipal government of Zhengzhou granted me "Special Contribution Award for Tourism Development of the City", and in addition, I was praised by Chinese central and national media as "the very first pioneer of the study of Shaolin culture". I am more than grateful to the cultivation and education by the Party and the people, so on May 16, 2011, I donated more than ten kinds of books written by me to 263 primary and middle schools of Dengfeng, and several thousand volumes of books of my cherishable collection to "Guochen Library" in Songyang Middle school. Recently, I selected my poetry works written in the past years and composed this "100 Poems of Songshan", with pictures of Songshan taken by me, and contribute it as a gift to the world cultural heritage –the "Center of Heaven and the Earth" historical architecture complex of Dengfeng, to the ancient and mysterious Songshan Mountain, and to all my beloved leaders, teachers, and friends, who give me care, assistance, cultivation, and support!

"Blood and sweat composed my endeavor for study during youth and childhood. All my teachers gave me guidance and enlightened my vision. I will keep the endurance and perseverance just as Buddha did facing the wall and curved his shadow in, and I will try my very best to reach the highest Junji Peak of my study." This book is an achievement of collective intelligence. The provincial and municipal leaders, Mr. Lian Weiliang, Mr. Wu Tianjun, Mr. Zheng Fulin, Mr. Qiao Song provided a great support to the publishing. Worldly renowned master of Chinese and a centenarian, Mr. Wen Huaisha, calligraphied the title for the book. And the famous writer Mr. Er Yuehe, and the prestigious professor Mr. Yang Kuanghan reviewed this book and composed the Prefaces. In addition, the expert in poet, Mr. Lin Conglong produced the comments to each and every poem in this book. And masters of calligraphy, Mr. Zhang Hai, Mr. Liu Yi, Mr. Li Duo, and Mr. Zhang Biao handwrote the poems and compiled great art of calligraphy. Well-known painter, Mr. Zheng Yukun, and Mr. Wang Yiting, and Ms. Wang Lanzhen painted the scenery of some poems vividly on paper.

Mr. Xu Xiongzhi, the famous engraver and calligrapher carved precious Chinese Seals for the poem. My beloved wife, Wang Suzhen, and my lovely daughter Zhang Xiaoyu also participated in the selection and composition of the poems. Also, my friend Ma Xiaoquan, Wang Sipeng, and Hu Changrui from Henan University Press planned and organized this book. Gao Ying, Zhang Xianming, Xu Cuiping, Xu Jianxun, Wu Yuancheng, Yang Wei, Xu Jianzhou, Liu Xingqi, Bao Jinxuan, Lu Hongjun, Wang Xiaowu also supported this book from various regards. I would like to thank you all and give my best regards to all of you. The mysterious and amazing Songshan Mountain will spread all the best wishes to millions and millions of kind and hard-working people and wish you be healthy, well, and happy forever!

Zhang Guochen

July 25, 2011, in Qiuque Study, Zhengzhou

嵩岳万木竞葱茏